Il était une fois un petit garçon qui s'appelait RACHID ... il était tellement idiot, que la maîtresse de son école primaire avait convoqué sa maman pour lui dire que son fils manque cruellement d'intelligence, et que c'était un cas désespéré .

La maman n'a pas perdu espoir ; elle a déménagé et changé d'école pour son fils. Et 20 ans plus tard la maîtresse est tombée gravement malade suite à un problème cardiaque.

Tous les médecins disaient que c'était la fin, car l'opération était très délicate,,limite impossible, Sauf un seul médecin aux techniques nouvelles. Ce médecin à tenté l'impossible et l'opération fut un succès.

Dans la salle de réveil, la maîtresse à ouvert les yeux, elle a regardé le médecin, à essayé de parler mais ... n'a pas pu. Son visage était devenu rouge de honte, puis bleu. Elle a levé la main et à fini par mourir ...

Parce que notre RACHID, qui balayait la salle opératoire, avait débranché l'appareil à oxygène pour charger son portable ...

TU SAIS QUE TU ES ALGÈRIEN QUAND ...!!!

_ Tu te crois plus intelligent que tout le monde, plus professionnel que Capello, plus beau que Tom Cruise, plus classe que Clooney, plus politicien que Boutef, et meilleur conducteur que Schumacher !!!

_ Tu as une cicatrice de vaccin au bras gauche .

_ Tu vérifies une bouteille de gaz avec la flamme d'un briquet, sans trouver cela dangereux .

_ Le lendemain est toujours le jour ou tu veux tout faire.

_ Il y a toujours un verre de plus sur un plateau pour thé ou café .

_ Tu sors tes pulls et vestes, dés que la température descend à moins de 25°.

_ Tu considère comme prématuré, qu'un jeune quitte le domicile parental avant l'âge de 30 ans .

_ Quand tu te fais du bien : comme prendre une bonne douche, manger un bon repas, ou faire une balade ! Tu dis toujours (Drabt Fiha Wahed) ... >>> la violence même dans le bien <<<<

_ Tu prends l'autoroute pour aller plus vite, mais c'est limité à 80km/h et il y a des barrages tous les 500m .

_ Tu ne peux pas te passer de café au lait (que ce soit le matin ou à 16h) .

_ Tu es accroc à la boisson Hammoud Boualem, L'ben, les bonbons caprices et la glace criponis .

_ Tu ne peux pas t'empêcher de crier : YA SETTAR .. YA SETTAR .. quand quelqu'un trébuche devant toi, Ou même à la télé .

_ Quand tu vois que tu vas perdre à un jeu, tu t'en vas en pétant les plombs ! Sans même le finir .

_ Tu as un cousin, qui roule toujours à 200km/h en mettant la musique à fond, mais qu'il a baisse une fois devant le cimetière .

_ Tu as le doigt prêt à zapper sur la télécommande quand tu regarde un film avec ta famille, au cas ou l'actrice aura une envie soudaine de prendre une douche .

_ Tu t'es déjà retrouvé à un mariage de gens que tu connais pas .

_ tu dis ESSAB ., ESSAB aux chats qui rodent autour de toi, et COUCHER .. COUCHER aux chiens! pour les faire partir .

_ Tu passe ton temps à critiquer ton pays et tu n'aime pas les arabes . Mais tu ne supporte pas par contre qu'un étranger fasse une remarque sur l'Algérie .

_ Tu as passé ton enfance à courir avec une bouteille de javel découper en forme d'hélice, et une voiture bricolée avec du fil de fer et bouchons de javel .

_ Quand tu parles au téléphone avec le bled, tu hurles au combiné ! Parce que ton interlocuteur est loin .

_ Sans bien même le savoir ou le vouloir, tu sais que l'Algérie à battu l'Allemagne en 1982. Normal . Tout le monde sort ça a la moindre occasion .

_ Quand tu porte un nouveau costard, tes cousins te lancent : papapapa... Un vrai 3riss ... Elle est ou laaroussa ?!

_ Tu as un poster de Bruce Lee et de zizou dans ta chambre.

_ Quand tu entends ONE TWO THREE, tu scandes automatiquement .. VIVA L'ALGÉRIE.

_ Tu as des cousins ultra-bricoleurs qui fabriquent des jouets pour enfants, des instruments de musique et des pièces pour auto, avec pour seule matière première : le fil de fer.

_ C'est toujours à la fin des conversations, que tu es informé sur tout et tout le monde, et c'est donc une autre conversation qui commence.

_ Quand tu es en Algérie, tu dis : pays de m****** . Mais quand tu es de retour en France, tu pleures ta race pendant 3 mois.

_ À l'aéroport, ton sac est immense avec un des rayures bleu blanc rouge vert noir.

_ Tu as Algérianisé la langue française.

_ Dehors, ta bouche est une vraie poubelle, mais une fois chez toi, tu deviens automatiquement le fils d'une bonne famille.

_ Tu es têtu et très caractériel, mais tu veux que les autres t'abordent avec calme et gentillesse.

_ En France tu dis : je vais au bled, pour signifie l'Algérie; et en Algérie tu dis : le bled, pour signifie le départ à la compagne.

_ Tu es trop fier pour accepter quelque chose sans payer . Mais t'aime pas qu'on te parle de l'argent pour acheter ou payer un service .

_ Un plat sans H'rissa, ce n'est pas un plat .

_ Tu manges tout avec le pain .

_ L'inspecteur Tahar et Athman Aariouet sont tes acteurs préférés.

_ Si tu es une fille, ton prénom finit par un A .

_ Dans les mariages, des mères viennent te demander si tu es célibataire, et si oui, ou est ta mère ?

_ Dans les réunions familiales, c'est celui qui parle le plus fort qui a le monopole . Du coup tout le monde essaye de lever la voix pour se faire entendre .

_ Tu aimes squatter les terrasses des cafés, parler des passants et crever les filles du regard .

_ Tout le monde s'appelle mohamed,Même ceux que tu ne connais pas.

_ Le fait de se mêler des affaires des autres, est une passion et un droit .

_ Tu peux reconnaître tous les accents, et tu maîtrise bien les langues étrangères, grâce aux feuilletons égyptiens, syriens et libanais .

_ Si tu es originaire de l'est de pays, tu te moque des gens de l'ouest et vice-versa .

_ Tu ne tiens pas pas debout facilement, il te faut un mur, une voiture ou un carton pour t'asseoir au bord du trottoir .

_ T'es amoureux de toutes les filles du quartier, mais en aucun cas ta sœur à le droit d'avoir une relation .

_ Tu prends la tête à ta sœur et à ta mère, mais jamais à ton père .

_ C'est toujours la faute des autres, et jamais jamais de la tienne

_ Pendant le ramadan, tu fais zéro effort, et aucune activité physique.

_ Tu te considère comme un bonhomme, depuis le jour ou t'a commencé à boire du café noir .

_ Tu dis 'Chkoun' quand quelqu'un frappe à la porte, comme quoi tu ne peux pas attendre les deux pas qui te séparent de la porte. Et si quelqu'un te pose cette même question, tu réponds 'ana'.

_ Il te faut trois ou quatre personnes pour te convaincre de rejoindre la piste de danse, en te tirant les bras et jurant de tous les saints, mais une fois dans la foule tu ne veux plus arrêter de danser, et tu y restes jusqu'à la fin de la fête.

_ Tu manges une fois par semaine du couscous.

_ T'es toujours comparé aux enfants des autres ou à tes cousins qui réussissent bien.

_ Tes parents te demandent de leur apprendre a se servir de Tel ou de pc, mais une fois assis ils ne veulent pas t'écouter; et perdent patience pour repartir 5min après.

_ Tu casses ton ramadan avec une cigarette .

_ A chaque fois que tu reviens du bled , t'es encore plus blindé que quand t'es parti.

_ Tu t'emportes pour un oui ou non sans prendre du recul et d'analyser avant.

_ Tes parents et tes oncles, t'ont dit une centaine de fois que c'était mieux à l'époque de Boumediene

_ Dès que quelqu'un s'en va, tu commences à parler de lui. En bien ou en mal.

_ Tu embrasses des cousins que tu n'as jamais vu de ta vie

_ quand y a une coupure d'eau ou d'électricité d'une semaine, pour toi c'est NORMAAAAAAL.

_ quand quelqu'un crie "ja l'ma" tu te mets à courir dans tous les sens avec des jerrycans pleins les bras

_ Tu trouves normal qu'il y ait des gens qui accrochent un CD au rétroviseur de leurs voitures.

_ Tu ne crois pas au dernier recensement, vu que 30 millions c'est uniquement le nombre de personnes qui se trouvent sur les terrasses du café le soir.

_ Tu trouves normal le fait de dire a quelqu'un que t'arrive dans 5min, pendant que tu es encore sous la couette .

_ Tu donnes rendez-vous à 10h, mais a 12h tu es encore chez toi.

*** FiN ***

LES ORIGINES DU DRAPEAU ALGÉRIEN ACTUEL VERT BLANC FRAPPÉ D'UNE ÉTOILE ET D'UN CROISSANT ROUGES

Par le défunt Ali MESSALI
Moudjahid et militant du mouvement national et Fils de Messali Hadj

Je crois savoir que les historiens algériens s'interrogent sur les origines du drapeau national algérien actuel. A titre personnel je vais essayer d'apporter ma contribution pour leur faciliter la tâche.

Après des débuts difficiles, l'ENA s'implante bien en France. Qui plus est, l'ENA est en relation avec d'autres mouvements coloniaux qui comme nous revendiquent leur indépendance. Le Mouvement Vietnamien et tout particulièrement Syrien et Libanais sont des partis frères, rencontres, réunions et manifestations à Paris ensemble sont choses courantes avec cette particularité est que l'émigration algérienne est conséquente.

Au début des années 1930 la direction de l'ENA décide de créer son propre drapeau. Ce drapeau est vert frappé d'une étoile et d'un croissant blancs. C'est le drapeau de l'Étoile Nord Africaine. Il parait maintes fois dans les réunions du parti, il défile de temps à autre dans les manifestations du parti dans les rues de Paris.

Mieux, comme l'émigration algérienne est majoritaire outre le drapeau de l'Étoile Nord Africaine, les militants quand c'est nécessaire, défilent aussi avec les drapeaux syriens et libanais dans les rues de Paris qu'ils soient de kabylie ou du sahara peut importe. Ce colonisé-ci vaut bien ce colonisé-là et nous sommes tous frères en but au même colonialisme.

Il faut se souvenir que Messali Hadj et sa petite famille arrivent à Alger le 2 août 1936. Après avoir livré son combat au Congrès Musulman nous allons tous à Tlemcen et nous nous installons dans la famille Mamchaoui où Madame Messali et son rejeton

restent près d'une année tandis que Messali Hadj après une tournée de propagande à travers l'Algérie revient à Paris.

Durant toute cette période Madame Messali participe aux activités du parti à Tlemcen.C'est là qu'elle coud à la machine le drapeau de l'ENA qui deviendra PPA le 11 mars 1937 qu'elle a connu à Paris. A l'époque, flics, mouchards, indicateurs et perquisitions sont autant de constantes qui font partie de nos habitudes. L'on peut dire que tant qu'il y a des femmes courageuses pour cacher le drapeau sur leur poitrine, l'espoir est permis, en la circonstance ce fut le cas.

Cependant, la prudence nous incite à cacher ce drapeau ailleurs que chez nous et la décision est prise d'aller l'installer à Sidi Boumedienne dont le grand père est le gardien. Il trouve sa place à l'intérieur du mosolé parmi les étendards religieux.
Sa première apparition publique eut lieu le 14 juillet 1937 à Alger. Pour ce faire, un Tlemcénien étranger au parti l'amena sans savoir ce que contenait le paquet qu'il transportait. Les issues de la gare d'Alger étaient surveillées en conséquence pour qu'il ne nous échappe pas sans le vouloir. Rapidement il arrive au champ de manœuvre où il est déployé à la tête du cortège du PPA.

Là, une algérienne étrangère au parti voit pour la première fois depuis 1830 un drapeau qui pourrait être l'emblème nationale, émue et impressionnée, elle se déchausse et d'autorité elle se place devant le drapeau et ouvrira la marche du cortège. L'on peut dire qu'elle a été la première algérienne PPA inconnue. Bien évidemment, le drapeau du PPA disparaît à la dispersion du cortège.

Le 2 août 1937, Messali Hadj et la direction du parti sont arrêtés et incarcérés à Barberousse. Kahal Areski, Secrétaire général du PPA arrive de France pour prendre sa place dans le combat quelques jours après il rejoint la direction du PPA à Barberousse. A Tlemcen, Marouf Bournedienne, responsable du PPA organise dans une grange une réunion pour dénoncer l'arrestation de la direction du parti.

A cette occasion le drapeau vert frappé de l'étoile et du croissant blancs réapparaît et va vite rejoindre sa cachette.

Kahal Areski à Barberousse est atteint d'une grave maladie et décède à l'hôpital Mustapha d'Alger. Sa dépouille est conduite à la rue Cerventes à Belecourt chez Ahmed Bouda.

Madame Messali est présente et décide impromptu que son cercueil doit être recouvert du drapeau du parti. Elle se rend chez un marchand de tissus, achète tout ce qu'il faut et revient pour se mettre devant une machine à coudre. C'est ainsi que Kahal Areski originaire de Guinzette sortira recouvert du drapeau vert frappé de l'étoile et du croissant blancs du PPA.

Pour cet acte, elle sera inquiétée et se rendra au Palais de Justice d'Alger accompagnée de Messali Hadj qui venait d'être libéré de Barberousse pour une quinzaine de jours.

A la déclaration de la guerre (mondiale), Messali Hadj, dirigeants et responsables du parti sont arrêtés à travers toute l'Algérie ils sont une quarantaine incarcérés à la prison militaire d'Alger. Ici, le PPA entame la pire période de son existence. Outre une répression maximale, les hommes sont mobilisés. Dans Alger et sa proche banlieue il y a tout au plus une centaine de militants PPA qui forment le carré et qui sont les gardiens de la flamme du patriotisme algérien.

C'est l'époque où un jeune étudiant en médecine, un certain Lamine Debaghine s'occupe de loin du parti, en effet il se doit de terminer ses études. Cette situation se perpétuera jusqu'en avril 1943 où responsables et dirigeants sortent de la prison de Lambèse pour être astreints à résidence forcée.

Durant toute cette période, loin de nous tout problème de drapeau. Le drapeau existant était toujours celui de l'Étoile Nord Africaine et du Parti du Peuple Algérien, vert frappé d'une étoile et d'un croissant blancs.

Désormais la situation politique évolue en Algérie et nous nous dirigeons vers les AML, les Amis du Manifeste et de la Liberté. Celle-ci permet au PPA de prendre un nouvel essor et de résoudre bien des problèmes.

Durant cette période que le problème du drapeau national algérien est abordé et résolu par la direction du PPA d'alors.

Donc le premier drapeau de l'ENA-PPA comme le drapeau national algérien actuel vert blanc frappé d'une étoile et d'un croissant rouge n'a jamais été conçu par une personne seule, l'un et l'autre ont été l'œuvre de la direction du parti.

La preuve de mes propos sont concrétisés par le fait que Belhafaf porte drapeau de la manifestation du 1er mai 1945 à Alger, tombera criblé de balles parce qu'il tenait précisément le drapeau national algérien vert, blanc, frappé d'une étoile et d'un croissant rouges à la rue d'Isly en cette occasion.

-
-
-

Le drapeau se veut une mise en valeur de l'héritage culturel de l'Algérie; il existe divers interprétations de ses éléments. Selon Malek Chebel, le vert représente l'islam et le blanc la pureté. Pour Pierre Lux-Wurm, le vert et le blanc évoquent les premières bannières de l'islam, du temps du prophète Mahomed. Le croissant et l'étoile peuvent être vus, respectivement, comme symboles de la lumière périodique et de la lumière permanente.

Selon Khaled Merzouk, la bande de couleur verte représente la verdure (terre et agriculture). Le blanc représente la paix. Le croissant et l'étoile rouge sont des symboles musulmans. L'étoile représente plus spécifiquement les cinq piliers de l'islam. Benjamin Stora avance aussi le fait que, à l'origine, les trois couleurs du drapeau représentaient les trois pays du Maghreb et l'union nord-africaine.

>> D'après la signification la plus courante, c'est une synthèse des étendards de l'Empire ottoman et de l'Émirat d'Algérie, lui-même inspiré de celui d'Al-Andalus, évoquant une période de gloire et de prospérité pour le Maghreb.

LES PAROLES DE L'HYMNE NATIONAL ALGÉRIEN [COMPLET]

◄•► Nous Jurons !
Par les tempêtes dévastatrices abattues sur nous.
Par notre sang noble et pur généreusement versé.
Par les éclatants étendards flottants au vent.
Sur les cimes altières de nos fières montagnes.
Que nous nous sommes dressés pour la vie et la mort.
Car Nous avons décidé que l'Algérie vivra.
Témoignez-en ! Témoignez-en ! Témoignez-en !

►• Nous sommes des combattants pour le triomphe du droit.
Pour notre indépendance, nous sommes entrés en guerre.
Nul ne prêtant oreilles à nos revendications.
Nous les avons scandées au rythme des canons.
Et martelées à la cadence des mitrailleuses.
Car Nous avons décidé que l'Algérie vivra.
Témoignez-en ! Témoignez-en ! Témoignez-en !

◄•► Ô France ! le temps des palabres est révolu.
Nous l'avons clos comme on ferme un livre.
Ô France ! voici venu le jour où il te faut rendre des comptes.
Prépare toi ! voici notre réponse.
Le verdict, Notre Révolution le rendra.
Car Nous avons décidé que l'Algérie vivra.
Témoignez-en ! Témoignez-en ! Témoignez-en !

◀•▶ Nos Braves formeront les bataillons.
Nos Dépouilles seront la rançon de notre gloire.
Et nos vies celles de notre immortalité.
Nous lèveront bien haut notre Drapeau au dessus de nos têtes.
Front de Libération Nous t'avons juré fidélité.
Car Nous avons décidé que l'Algérie vivra.
Témoignez-en ! Témoignez-en ! Témoignez-en !

◀•▶ Des Champs de bataille monte l'appel de la Patrie.
Écoutez le et obtempérez !
Écrivez-le avec le sang des Martyrs !
et enseignez-le aux générations à venir !
Ô Gloire ! Vers toi Nous tendons la main !
Car Nous avons décidé que l'Algérie vivra.
Témoignez-en ! Témoignez-en ! Témoignez-en !

FiN

LA CIRCONCISION

1988 . j'ai 4 ans. presque 5.
pas encore circoncis. eh oui. mais je m'en fous, ce n'est pas mon problème. Et d'ailleurs je ne sais même pas ce que c'est d'être circoncis.

_c'est tout simple ! ma vie a 4 ans , c'était les mini voitures de course et les pistolets qui clignotent en rouge et bleu .je passais la journée dehors avec les gosses des voisins, et j'adorais regarder ►KaZimir◄ a la télé. ça tête me faisait marrer.

_le temps passe, l'été arrive et c'est loiiiiiiin de moi l'idée qu'un jour je vais être pris au piège par ma propre famille et un grand malade qui s'amusait à couper les zigounettes des petits garçons innocents.

_je suis très vif . très énergique . je bouge trop et j'embête tout le monde . j'ai fais de notre grande maison familiale, mon terrain de jeu .

_mon père étant un homme ancien, sérieux et travailleur. il était très sévère avec nous . et particulièrement avec moi . car y a du quoi Péter les plombs quand on a un gosse comme moi.

_et c'est auprès de mes oncles donc, que je trouve refuge, et c'est avec eux que je passe la plus part de mon temps .

_la veille du jour "J" . mes tantes débarquent à la maison . ça m'a fait tout drôle de voir autant de monde chez nous . j'étais excité et un peut perdu à la fois . vu que je n'étais pas au courant qu'on me préparait un sérieux coup d'état .

_Mes tantes ne me lâchaient pas de la soirée !! et des

bisous et des bonbons et des jouets et des câlins et des sourires jaunes bizarres.

_durant toute la nuit mes oncles et mes tantes n'arrêtaient pas de me répéter cette phrase qui tourne en boucle dans ma petite tête :

Tu vas devenir un homme .!? une voix dans ma tête me dit ;;; hein ? pardon ? un homme ? c'est qui ça ? c'est quoi ? ...

_je peux vous dire que si j'aurai su qu'il fallait subir une telle barbarie pour devenir un homme, je serai esquivé de la maison bien bien avant, sur ma petite voiturette jaune à pédales.

_le jour "J" arrive : je suis le premier à être debout; comme toujours . ma mère n'est pas comme d'habitude . elle me fait trop de câlins de bon S'bah. . je ne suis pas habituer à recevoir un tel traitement très tôt le matin . mes tantes déjà debout aussi. un filet d'odeur du café et de M'samen disperse un peut tous les coins de la maison .

_à 09h mes oncles débarquent à la maison, m'ont tous pris dans leurs bras, et cette fameuse phrase qui reviens à chaque fois, et que je ne comprends toujours pas d'ailleurs :

_Alors ?? ça y est ? on devient un Rajel aujourd'hui ??
_ ..euuu... heuu.. si vous le dites. !!

_1h plus tard, une voiture s'arrête au niveau de notre maison . mon oncle court a la porte . un invité ? .. peut être . j'entends une voix que je ne reconnais pas . par curiosité je sors pour voir cet homme .

_il est grand . il est moche . il n'aspire pas confiance et il n'est pas rassurant !!.. pourquoi il porte un tablier ?

pourquoi il a une mallette dans sa main ? ... c'est étrange tout ça ..

_étonner !! le monsieur connaît mon prénom . et il m'a appelé Ali le petit bonhomme . ..encore cette phrase ? ..

_ma mère me prends pour me mettre en mode 3baya blanche .. hein ? mama prk ça ? ma mère les yeux rouges elle me serre très fort . je ne comprends pas sa réaction.

_mon oncle vient me chercher en voulant me porter . je refuse. je me sens plus libre en marchant tout seul ...[au cas ou je serai mener à prendre la fuite]

_cette petite 3baya blanche me rend bizarre .. pourquoi je suis habiller de la sorte ? ..

_je me dirige vers le salon avec hésitation .tout en restant concentrer sur cet invité mystère . sa mallette m'intrigue vraiment vraiment beaucoup .

_une fois dans le salon . la porte se refermera . la mallette s'ouvrira .. ce qui déclenchera inexplicablement chez moi un cri de Tarzan .
- "khalti Fattouma" spécialiste dans le Twalwil enchaîne ses youyou au même temps que le son de ma sirène .

_je savais que ce monsieur été louche . mais pas a ce point . mon père me fait un bisou et il me dit, tant que ton papa est la.. rien ne peut t'arriver . ça va bien se passer. tu verra . et il m'explique dans l'oreille, que ce monsieur s'appelle tonton BOUZIANE, et qu'il est la pour faire de moi un Rajel .

_pris de force, on me met sur la grande table en bois de salon, je Huuuuuurle le seigneur qui ma crée, svp !!! ,,, laissez moi partir . je ne ferai plus de bêtises .

_quand ma peau des fesses à touchée la table, mon petit cerveau m'a envoyé un petit SMS comme quoi, ça va sûrement piquer quelque part, mais ou !! je ne le sais pas encore .

_en position de faiblesse devant 4 hommes chacun tien fermement une partie de mon petit Corps. . j'ai jeté un looong regard a mon papa .. d'un air a lui dire : alors quand papa est la ! rien m'arrive . yek ? . [menteur] lool

_je suis attentivement des yeux les gestes de tonton BOUZIANE, il met ses gants.il n'a rien dans la main, mais juste il touche mon petit oiseau .

ce premier contact de sa main sur cette partie de mon corps, m'a fait croire que ça y est c'est bon . c'est réglé . je suis enfin un homme .

_mais au fait, non .. pas du tout .. !! j'étais vraiment mal informer .

_Alcool et coton à la main pour nettoyer et préparer la partie concernée. je comprend que le chantier concerne cette zone la.

_Ciseau en main, Tarzan fait appel à tous ses camardes de la jingle pour crier avec lui . ? [ma mère pleure aussi]...

_et malgré mon dévouement, tonton "BouZiane" ne veut rien savoir, intraitable est sans pitié . il est venu faire de moi un Rajel, et il ne partira pas, avant que je le sois .

_et c'est donc à ce moment la, que j'ai perdu un morceau de mon petit moi . Aieeee ça pique ça piiiiique .

_c'est les 15 min les plus plus plus longues dans la vie

d'un petit garçon . un terrible moment de solitude .

_et voila ... quand la 3baya blanche devient rouge ! .. bah ça y est . t'es officiellement un Rajel

>>> 1 semaine plus tard, je gambadais déjà dehors avec les gamins du quartier.   ^_*

-*-*-*-*-*-*-*-*-*

NB ► Le Meilleur moment pour la circoncision, c'est dés la naissance, au pire quelques jours, voir quelques mois après .

Un ingénieur se retrouve assis à côté d'une petite fille lors d'un vol intercontinental. L'ingénieur dit à la petite fille :

- Si on parlait un peu ensemble, il paraît que les voyages passent beaucoup plus vite si on parle avec quelqu'un.

La petite fille le regarde et dit :
- D'accord, de quoi voulez vous que l'on parle ?
- Si on parlait de physique nucléaire, dit l'homme ?

- Voyez-vous, un chevreuil, une vache, un cheval mangent tous la même chose: de l'herbe. Pourtant le chevreuil fait des petites crottes, la vache fait des bouses plates et le cheval de gros boulets verts. Comment expliquez vous cela ?

L'ingénieur réfléchit et répond :
- Ma foi, c'est vrai, je ne saurais l'expliquer.

Alors la petite fille lui dit :
- Comment voulez vous parler de physique nucléaire, alors que vous ne maîtrisez même pas un petit problème de merde !

MON PREMIER JOUR D'ÉCOLE

Nous sommes en 1990 . J'ai 6 ans .

_C'est mon premier jour d'école . Il y a énormément de monde devant le grand portail . Je ne connais personne . J'ai peur !.

_Je suis trop un beau gosse . Mais je ne sais même pas lire mon propre nom sur l'énorme badge qu'on m'a accroché sur ma petite chemise bleu à carreaux .

_Ça sonne . Je tremble tout seul ! .. je flippe comme pas possible . Il y a beaucoup d'enfants avec moi .

_Ça va ! .. Je me sens moins seul d'un coup . Mais Mooooon dieu que j'ai peur ! De quoi ? .. Je ne sais pas !!

_Une dame avec un tablier blanc vient vers moi . Mon dieu aide moi . Mon heure est arrivée .

_Comment tu t'appelles mon garçon ? Je ne comprends pas ce qu'elle me dit, Pourtant elle parle bien en arabe .

_J'ai des larmes aux yeux . Je ne comprends pas pourquoi . Alors ? Me répéta cette dame ?! Ton prénom c'est comment ?!

_Aucune réponse de ma part . tu ne connais pas ton prénom ? C'est pas normal ça ?! ,,,,

_Ça y est la c'est trop de pression pour moi . Je chiale comme une veuve qui vient de perdre son mari sur un champ de bataille.

_Bon d'accord ! Ce n'est pas grave . Arrête de pleurer . Tu sais qui je suis ?

_ Je la fixe du Regard, avec un visage neutre. Tout en gardant le silence . C'est la tête que je fais, quand je n'ai pas envie de m'intéresser à la personne en face .

_Je suis madame «Latifa», ta nouvelle maîtresse . Et il ne faut pas avoir peur de moi . D'accord ?

_ je chiale encore plus !!! .. Mais qu'est ce qui se passe ? Pourquoi tu pleures encore ?

_ Je ne sais pas comment et pourquoi ?! Mais, tout ce que je trouve à dire c'est à ce moment la c'est : Je veux bien un morceau de pain avec du beurre et de la confiture

_La maîtresse se plie en 4 de rire . Jamais on lui à réclamé une faveur pareille .

_Tu mangera ça quand tu sera chez toi . Ici tu es dans une école pour apprendre . D'accord ?!

_ La petite voix dans ma ta tête me dit, mais qu'est ce que c'est que cet endroit ou je ne pourrai même pas avoir mon goûter préféré ?!,, je ne suis pas d'accord! ,, je sens que je ne vais pas trop apprécie cette soit disant «École» .

FIN

LE RICHE & L'AUTRE LA-BAS

Par le plus grand des hasards, deux hommes se rencontrent dans un café à l'ouest d'Algérie.

Ils commencent donc à discuter normalement et tranquillement autour de leurs double expresso sans sucre. Puis ils se chamaillent et ils finissent même leur rencontre par s'embrouiller et quitter les lieux chacun de son coté.

Le premier montre des signes de richesse, et on voit que c'est un bourgeois qui donne beaucoup d'importance à l'argent et qui fait attention aux regards des autres.

Le deuxième par contre c'est tout le contraire, de son apparence, sa démarche et ses dépenses, on conclut que c'est un père de famille très simple, très modeste et ses revenus sont bien limités .

Le riche dis donc à cet homme en face de lui, je suis quelqu'un de très important, je suis un dur, et les gens me craignent. j'ai le pouvoir et les moyens de tout gérer . Je peux tout avoir. Certes, Je suis souvent absent, mais présent avec mon argent et ma fortune, qui ont fait de moi ce que je suis aujourd'hui, et avec une telle réputation, tout le monde me respectera .

Le pauvre, il le laisse finir et il lui répond sagement : moi je ne veux être important que pour mes enfants, je suis très simple et facile à vivre . En général les gens m'aiment bien et ils disent même que je suis sympa.
Je remercie dieu et jamais je ne serai un tel ignorant comme toi. Je respecte les gens et j'ai plutôt une bonne réputation .

Alors, Le riche enchaîne et il ajoute : moi j'aime le luxe, les femmes, les palaces et les gens qui ont les moyens . rien ne me fait ralentir . Je n'ai peur de rien et je peux tout acheter avec mon argent .

Le pauvre donc, conteste la réponse de l'autre à son tour et il dit : moi je ne suis qu'un simple paysan, je ne demande pas grand chose, je veux que vivre simplement et tranquillement . Je n'ai besoin de rien et je ne demande rien, pourtant je n'ai pas grand chose; Et je te laisse l'argent, le luxe et la richesse de cette vie d'ici-bas .

Le riche en étant pas d'accord avec la réponse de son compagnon de café, il lui dit avec orgueil et certitude : toi.. tu as faim et tu crèves la dalle, et si le bon dieu te donne, tu sortira sûrement de ta nature humaine, et tu nous bouffera tous . Et y en a pas pire qu'un affamé quand il se rassasie .

Le pauvre répliqua aussi vite, et il dit : parles pour toi l'ami, et si toi tu es un hors la loi et un pourri de l'intérieur, sache que tout le monde n'est pas comme toi . Et quand tu t'adresses aux gens, pèse tes mots et tes paroles . Et ce n'est pas avec ton argent que tu vas tous nous acheter.

Le riche plutôt vexé de ce discourt un peut humiliant de la part de cet homme, il dit :
je n'y peux rien si je suis riche et fortuné, le bon dieu m'a donné pour mon grand cœur et ma bonne intention. Qu'est ce que vous avez tous a m'envier et à me surveiller ?! .. Va plutôt chercher un travail ou faire un commerce .. et oublies moi .

Le pauvre, fier et têtu comme il est, son honneur ne le laisse pas faire, il choisit de mettre fin à cette discussion en disant à cet homme qui n'arrête pas de se venter de sa richesse :

_n'oublies pas camarade que chacun sa vie et chacun aura ce que le bon dieu lui à prescrit, et ton argent tu ne l'emportera pas avec toi dans ta tombe. Et celui qui t'a enrichi, il pourra aussi t'affamer.

Fais le bien et oublie le, c'est comme ça qu'on dit, n'est-ce pas ? ,, et du tout façon, c'est trop tard .. la parole est sortie et le mal est fait .

AU REVOIR …

BLÈDARD ET FIER

Je suis un blédard et l'auteur de ce modeste livre, j'ai 32 ans . 13 ans en France .

Et je trouve minable, qu'en 2017 il y a encore des dégénérés mentaux qui portent des noms arabes et qui traitent les gens qui viennent d'ailleurs de blédards .

Cachés derrière leurs pc, ils essayent Zaama de rabaisser et/ou de salir la réputation des Blédards Sur des réseaux sociaux ou autres.

Et donc pour eux, un blédard c'est celui qui débarque du bled; rien dans la tête, rien dans la poche . À la recherche d'une grosse pour lui faire les papiers et profiter du système .

Quand je pense à tout ces propos malsains, ces préjugés, ces remarques et ces étiquettes qu'on m'a collé pendant des années .

Je jure par Allah, que le sacrifices et les efforts qui font les blédards comme vous aimez bien les appeler, pour s'intégrer et subvenir au besoin de leurs familles .
Leurs courages motivations et compétences dépassent tout ce que vous pouvez imaginer .

j'en connais des Blédards à la tête des sociétés et des boîtes de plus de 300 employés .

Alors je m'adresse à vous cher gamins et chères gamines, .. Vous les soit disant enfants de France .

>> Essayez de faire la moitié de ce qu'il fait un blédard durant sa vie . De l'enfance jusqu'à son âge adulte.
Et après on pourra discuter <<

Tu blâmes le blédard car il à un accent quand il parle, et toi tu sais même pas citer Al fatiha ?? ... Sérieusement ?? .. tu connais combien de mots en anglais sinon ?? Hein ?!

Il ne faut pas oublier d'où vos parents viennent aussi . D'accord ??

.... Un petit conseil pour finir, la France ne t'appartient pas . Et c'est la terre d'Allah . Et comme le blédards n'est pas chez lui ici, toi t'es chez toi ni ici ni la-bas .

>> tu m'a très bien compris <<

Aller ,, On garde la Pêche et la Banane ^_*

Signé : Ali le BLEDARD

TONTON HASSEN

1994. j'ai 10 ans.
ni trop grand ni trop petit pour pouvoir faire n'importe quelle Moussiba et me débrouiller à la coller sur le dos de quelqu'un d'autre sans trop subir des sentences graves .

_Et je viens officiellement de décrocher le titre de : 3afrit / ibliss / shaytan. • Ingérable comme je suis, je deviens le cauchemar de mes parents et de mes profs. Et bien sur L'ennemi public numéro 1 de mon frère aîné.

_C'est jeudi après-midi, pas D'école.

Ma mère m'envoie acheter quelques bricoles, chez «3ami Hassen» l'épicier d'en face qui vient de transformer son garage en Hanout / épicerie / pharmacie / dispensaire / quincaillerie. Au fait je n'ai jamais su ce que c'était exactement. Mais bon. L'essentiel, c'est que ça nous dépanné bien.

_«3ami Hassen», il nous faisait peur, il n'aimait pas trop les gamins; Et On recevait souvent des lancés de pierres de sa part.

_«3ami Hassen», connaît ma réputation. Il s'y attend à tout avec moi. Mais je le connais aussi, ce qui me donné souvent l'avantage d'ailleurs.

_J'arrive à son niveau juste devant le hanout, un petit panier à rayures à la main.

_«3ami Hassen» n'est pas très à l'aise avec moi, il sait très bien que dès qu'il aura le dos tourné, des tablettes de chocolat au lait posées sur le comptoir, vont disparaître tout comme par magie.

_Je commence toujours par demander l'article le plus loin et le plus dur d'accès. Je connais la place de chaque produit par cœur. Comme prévu. Dès que «3ami hassen» s'éloigne. Les 2 tablettes étaient déjà dans mes poches arrières de pantalon.

_il n'ose pas me le dire bien sur.. car je n'ai jamais été pris en flag.. [je maîtrise bien le geste]

_Retour à la maison ! Comme un garçon bien sage je donne tout à ma mère et je rends même la monnaie. Une chose que je fais rarement.

>> Je ne vous cache pas que la moitié des gamins en Algérie, vivent avec la monnaie non rendue des achats.

_Je vais voir mon frère [Abdel].. Frérot ! Business is business. je veux que mon devoir soit fait avant ce soir. Ton salaire est dans ma poche.

_Ok. mais problème : mon frère sait que ce chocolat n'est pas très Hlal . il connait mes combines.

_je risque gros, car à la moindre cacahuète avec le frangin, il va tout de suite me balancer à mon père.

_mon Père [mon pire cauchemar] ..Je flippe trop de mon père. ahh non .. tout et tout le monde.. Mais pas mon père.

_ma Mère trouve 2 emballages de chocolat cachés sous le lit. Intriguée ! Elle commence son enquête

_Premier accusé ! C'est moi. Normal. Ça se passe toujours comme ça. Je nie en bloc..[je jure par toutes les langues, que ce n'est pas moi] .. je regarde beaucoup la télé, et je sais très bien faire l'innocent.

_C'est au tour de mon frère : [Abdel] ? viens ici ! .. C'est toi qui as caché ce chocolat ? et d'où ça vient ?

_[Abdel] étant le premier de la classe ... on lui fait souvent confiance et sa punition était toujours moins lourde que la mienne.

_sous pression le frangin me balance, ok . Merci pour la solidarité. Ma mère confie l'affaire du jour ma bête noire mon cauchemar [mon père]

_Mon père ne se déplaçait jamais pour rien !
Et quand il se mettait devant moi, je savais à l'avance que ses mains de maçon, vont caresser ma Joue à la vitesse de l'éclair . Une Gifle de la part de mon père, M'infligeait à la fois des douleurs corporelles et mentales .24h de souffrance non-stop.

_Bref !! ... Pour sauver l'honneur. J'essaie de donner une explication farfelue. Qui ne tiendra pas la route bien évidement.

_Mon Frère se cache quelque part, ..il connaît la sentence des traîtres et des balances . lol

FIN

UN ÂNE EXCEPTIONNEL

— Je dis non et non ! Je ne garderai pas cet âne un jour de plus !

"J'HA" lança un regard furieux au petit âne gris qui battait l'air patiemment avec sa queue pour éloigner les myriades de mouches qui l'assaillaient, attendant que "J'HA" lui mette sur le dos la vieille carpette qui servait de selle.

— Qui te dit qu'un nouvel âne ne sera pas aussi, sinon plus têtu que celui-ci, suggéra son Épouse «Fatima».
— Ce malheureux âne est plus que têtu ! fulmina "J'HA". Il mange comme un éléphant, mais devient chaque jour plus maigre. Il est lent comme une tortue, paresseux comme une couleuvre, vicieux comme un renard, stupide comme un poisson et têtu comme un âne !

_ Fatima tapota le petit âne qui frotta alors affectueusement sa tête contre sa manche. Fatima n'a rien dit. Elle s'était suffisamment disputée avec son mari pour deviner quelles seraient ses réactions.

— Dis adieu à cette créature ! dit "J'HA", en enfourchant le petit animal et lui demandant, selon la manière habituelle de conduire les ânes (un "rghr-r-r-r" guttural), d'avancer. Ce qu'il ne fit pas.

— Un autre âne aurait déjà avancé à cet ordre. Tu verras quel excellent âne je ramènerai du marché.
>> Je peux vendre cet âne misérable suffisamment cher pour en acheter un autre meilleur et il me restera une pièce d'or pour te permettre de confectionner une nouvelle robe.

– Ughr-r-r-r, gronda t-il de nouveau.

Le petit animal agita ses longues oreilles, à contrecœur, et s'en alla. Jubilant à l'évocation de l'importante affaire qu'il allait réaliser au marché, "J'HA" tapota le cou de son âne et se dirigea vers la place du marché.

— Voici un âne dont son propriétaire sera fier, dit "J'HA" en remettant l'âne au commissaire-priseur.
— Un tel âne devrait rapporter un bon prix, dit le commissaire-priseur.

Il poussa l'âne, pinça ses pattes et regarda ses dents. Comme "J'HA", il vanta bien fort ses mérites.

_Le commissaire-priseur a aligné les animaux l'un après l'autre pour la vente. Aucune offre n'a été faite pour l'âne de "J'HA". Ce dernier n'avait d'yeux que pour un âne qu'il voyait plus grand, plus soyeux et plus dodu que les autres. Sûrement c'était l'âne qu'il lui fallait.

Finalement, tous les ânes ont été vendus, sauf deux – celui que "J'HA" avait apporté et celui qu'il avait décidé d'emporter.

Il fut soulagé de voir que le commissaire-priseur amenait d'abord son vieil âne. Il avait besoin d'avoir l'argent de sa vente avant de faire une offre pour l'âne sur lequel il avait jeté son dévolu.

— Voici un âne qui vaut la peine d'être acheté ! dit le commissaire-priseur, en se frottant les mains. J'ai souvent observé cet âne et j'ai regretté qu'il n'ait pas été mien.Voyez cette lueur dans ses yeux ! C'est un âne qui vous obéira avant que vous ne lui en ayez donné l'ordre. Regardez ces muscles! Et ces pieds graciles! Je parie que cet âne est plus rapide que n'importe quel âne d'Algérie!

_"J'HA" regarda les pattes de son âne. Il n'avait jamais

remarqué qu'elles fussent graciles ni combien son poil était si soyeux.

— Combien offrez-vous pour le plus beau, le plus fort, le plus sage, le plus travailleur, le plus obéissant des ânes de tout l'Algérie ??

— Trente Dinars, offrit un villageois.
"J'HA" le regarda fixement.
— Trente Dinars pour l'âne le plus meilleur d'Algérie !
Cinquante, surenchérit "J'HA".
— Soixante Dinars , proposa un autre villageois
— soixante-dix ! Quatre-vingt ! Quatre-vingt dix!
Le prix est monté, jusqu'à ce qu'un villageois offre deux cents Dinars .
— Deux cent dix, proposa un autre.
— Deux cent vingt, cria "J'HA".

Aucune autre offre n'ayant été faite, le commissaire-priseur remit la bride à "J'HA", qui paya ainsi cash son propre âne.

— Ughr-r-r-r, ordonna t-il à l'âne qui s'est mis à trotter vers la maison. Comme Fatima sera fière de cette acquisition !

_À mi-chemin de la maison, il commença à se demander pourquoi sa bourse était vide. Il avait projeté, en bon négociateur, de ramener à la maison un âne et plus d'argent qu'il n'avait emporté. C'était embarrassant. Peut-être Fatima pourra t-elle le lui expliquer ?

Surveillez vos enfants ... Surveillez vos enfants

si votre gosse il a moins de 15 ans, il mérite toute votre attention cher papa et chère maman.

Une phrase qui revient souvent : mon fils c'est un sage, il ne sort pas de sa chambre .

Par expérience, et par un sentiment de déjà vu . Croyez-moi, un enfant il ne suffit pas de l'enfermer à la maison, pour dire sur lui plus tard que c'est un garçon/fille sans histoires.

Et ce n'est pas parce que ils ne traînent pas dehors, que c'est forcément un bien. Et ce n'est pas toujours la meilleur solution pour bien éduquer ses petits .

Acheter une télé, une parabole, et une console de jeux à son gosse, et le laisser un accès libre sans contrôle parental, pour éviter qu'il sort dehors, ça pourra traîner des lourdes conséquences .

Faire croire à ses gamins, qu'on les aime et qu'on prends soin d'eux, en leurs donnant tout ce qu'ils veulent sans surveillance et encadrement, c'est le pire des égarements .

Combien de jeunes sont devenus accros à la pornographie dés leurs 12 ans .. ??? combien ? .. Des milliers ...
Arrivant à l'âge de 20 ans 25 ans sont déjà des éjaculateurs précoces ou même stériles .

Combien de gamins se suicident devant leur consoles de jeux, ou meurent suite à des crises cardiaques ?

Et .. Et .. Et .. J'en passe . Des Moussiba encore plus grave que ça .

Ton enfant si tu veux qu'il grandi bien et normalement, vis avec lui . Discute avec lui . Sors avec lui . Fais des activités en sa compagnie. Sois présent dans sa vie .

C'est pas tu lui achète le iPhone10 et tu prétends que tu l'aime et que c'est le gamin ou la gamine la plus sage de tout l'univers ...

Bref !! ... Surveillez vos gosses baraka Allah u fikoum .., ^_*

Il était une fois quatre individus qu'on appelait :
Tout le monde - Quelqu'un - Chacun -
et Personne.

Il y avait un important travail à faire,
Et on a demandé à Tout le monde de le faire.

Tout le monde était persuadé que Quelqu'un le ferait.

Chacun pouvait l'avoir fait, mais en réalité Personne ne le fit.

Quelqu'un se fâcha car c'était le travail de Tout le monde !

Tout le monde pensa que Chacun pouvait le faire

Et Personne ne doutait que Quelqu'un le ferait…

En fin de compte, Tout le monde fit des reproches à Chacun Parce que Personne n'avait fait ce que Quelqu'un aurait pu faire.

>MORALITÉ<

Sans vouloir le reprocher à Tout le monde,
Il serait bon que Chacun Fasse ce qu'il doit sans nourrir l'espoir Que Quelqu'un le fera à sa place…

Car l'expérience montre que là où on attend Quelqu'un, Généralement on ne trouve Personne

KHALTI ZOHRA

1997 - j'ai 13 ans

Quand je pense à ce jour-la ou j'ai tiré mon ballon de foot dans la maison pour le passer à mon frère, et que le ballon à décidé de faire sa vie ailleurs.
Et de prendre donc une autre direction. pour finalement atterrir tel un missile russe sur la tête de "Khalti Zohra" et qui portait en plus un plateau de thé .

Boom ! Splash ! KraSh >>> L'impact est impressionnant .

Je ne vous raconte pas la gêne, l'embarra
et la gravité de la situation.

Juste le fait d'imaginer "Khalti Zohra" à terre par K.O .
Et ce plateau de thé qui s'envole en l'air et qui fini dans une bassine . C'est Tout simplement ÉNOOORME .

"Khalti" allongeait dans un coin à droite, comme si elle venait d'être attaquer par un faucon noir . Le plateau qui s'éclate en morceau un peut partout dans la cour .

_De la Menthe partout !!

réflexe : je regarde mon frère, à ma grande surprise . Il n'est déjà plus la depuis lonnnnnngtemps . Ça ne m'étonne pas de lui .

C'est le roi de l'esquive. et ce n'est pas la première fois qu'il me lâche dans les moments difficiles .

Seul au monde, et face à une telle scène de crime, je n'ai plus qu'attendre l'arrivée de mon père, qui va sûrement m'enfermer dans un coffre et m'expédier en express chez le peupla "Maya" pour que je leur sert de repas .

"Khalti zohra", elle m'aime Beaucoup et elle ne veut pas qu'on me touche . malgré que ce maudit ballon à cassé ses lunettes dorées qu'elle portait avec une sorte d'élastique large blanc.

La seule question que je me pose aujourd'hui !! ..Et je vous la pose à vous aussi :

_il est passé ou ce Ballon que j'aimais tant ???

Je ne l'ai plus revu depuis ce jour la .
Un magnifique ballon de foot bleu blanc. C'était mon préféré en plus .   ^_*

FIN

LA CIGALE & LA FOURMI •Version 2017•

La fourmi travaille comme une acharnée, pire qu'une chinoise dans un atelier de couture clandestin, tout l'été dans la canicule.

Veuve d'un portugais, elle construit elle même sa maison et prépare ses provisions pour l'hiver.

La cigale pense que la fourmi est H'mara et naïve.

Elle rit, danse et elle se la pète tout l'été.

Une fois l'hiver arrivé, la fourmi est a l'aise au chaud et elle se régale avec des bons plats fait maison.

La cigale, grelottante de froid, organise une conférence de presse et demande pourquoi la fourmi a le droit d'être au chaud et bien nourrie tandis que les autres, moins chanceux comme elle, ont froid et faim.

La télévision organise des émissions en direct qui montrent la cigale grelottante de froid et qui passent des extraits-vidéo de la fourmi bien au chaud dans sa maison confortable avec une table pleine de provisions.

Les Français sont frappés que, dans un pays si riche, on laisse souffrir cette pauvre cigale tandis que d'autres vivent dans l'abondance.

Les associations contre la pauvreté manifestent devant la résidence privée de la fourmi.

Les journalistes organisent des interviews demandant pourquoi la fourmi est devenue riche sur le dos de la cigale et interpellent le gouvernement pour augmenter les impôts de la fourmi afin qu'elle paie "sa juste part".

Les impôts de la fourmi sont augmentés et la fourmi reçoit aussi une amende pour ne pas avoir embauché la cigale comme nounou ou femme de ménage.

La maison de la fourmi est saisie par les autorités car la fourmi n'a pas assez d'argent pour payer son amende et ses impôts.

La fourmi quitte la France pour s'installer avec succès en Suisse. [Le Bléd des montres, Du chocolat et de fromage blanc]

La télévision fait un reportage sur la cigale maintenant engraissée [L'haloufa], elle est en train de finir les dernières provisions de la fourmi bien que le printemps soit encore loin.

L'ancienne maison de la fourmi devenue logement social pour la cigale se détériore car cette dernière, passe ses journées à bouffer
et faire la Belle sur facebook et snapchat,
et elle n'a rien fait pour l'entretenir.

Des reproches sont faits au gouvernement pour le manque de moyens.[,,,TOZ]

Une commission d'enquête est mise en place, ce qui coûtera 10 millions d'euros.

La cigale meurt d'une overdose. Cheh Cheh Cheh...

Libération et L'Humanité commentent sur l'échec du gouvernement à redresser sérieusement le problème des inégalités sociales.

La maison est squattée par un gang d'araignées immigrées. [sûrement des Gitans]..

Le gouvernement se félicite de la diversité multiculturelle de la France.

Les araignées organisent un trafic d'Armes et de "Zâtla" et terrorisent la communauté.

ALLO !! ••• BLÈDI ?

- Allo ...?!...Allo.. oui Blédi ?!
- Allo ?!.... Alloo ?!

___ ça a coupé !! .. je rappelle

- Allo ?! oui blédi ?!.. tu m'entends ? c'est moi !! ton Fils...

- Heuu ! .. Personne au bout de fil .

- Ah non !! pas encore . bon ben .. pas grave. je laisse quand même un msg; on sait jamais .

> Oui ! donc Blédi, c'est moi . ton cher fils . j'ai essayé de te joindre plusieurs fois, mais je n'arrive toujours pas à t'avoir au tel.

Bref ! j'espère que tu vas bien, ainsi que mes frères et sœurs.

- j'appelle de loin, et j'aurai aimé te parler à vive voix, au lieu de m'adresser à un répondeur.

c'est un peut dommage tu sais ?!.. déjà qu'avant t'étais pas très très présente dans ma vie, comme si je n'existais pas. et maintenant que je me suis éloigné de toi, en laissant mes H'beb et mes s'hab, mes amis et ma famille; même pas tu prends la peine de m'écrire ou de répondre à mes appels.

- Allo ?!... Allo Blédi ?!.. stp !! ne me laisse pas parler tout seul .. stp !!

- tu sais ?!.. je ne me sens pas très bien, et ce n'est pas la grande forme en ce moment .

je me sens vraiment seul d'un coup, et j'ai vraiment besoin de parler à quelqu'un; et par nature saine donc, c'est vers toi que je me retourne . toi blédi ..oui ..oui ..toi !!

- mais décidément t'en à d'autres occupations sûrement plus importantes que d'écouter les Bla..Bla.. de tes fils.

- Bon . ben .. tant pis .. !!!

- quand je pense que pendant notre service national, tu sais ce sacrifice humain qu'on nous oblige à faire par amour pour toi ?! on nous enseigne et on nous fait dire à haute voix, que tu es notre corps et notre sang, que tu es notre âme et notre esprit !!

Alors ?!... Hein ?.. et toi !! même pas tu décroches pour écouter ce que j'ai à te dire .

- Allo ... Allo... !! Blédi... tu es la ???

Te faire part de mes intentions devient de plus en plus inaccessible ma parole .

je n'ai même plus le droit et la liberté de faire une simple réclamation ou demander le minimum de mes droits .

>>> Stp Blédi !! stpp ?!.. je me sens tellement faible et impuissant !!

Aller !!! redresse-toi, regarde moi dans les yeux et écoute-moi pour une fois . prête moi attention .. tu veux ? ..
- je n'ai que toi et tu le sais bien .

j'ai tellement de choses à te dire, .. plus rien ne va dans ma vie .. dans ma vie de jeune ... dans ma vie de jeune Algérien .

cette vie la qui dépend de te ton système et ta politique dont tu es la créatrice et la fondatrice.

stp.. Blédi !! je ne sais pas si je vais pouvoir te rappeler une prochaine fois .

- parle-moi, dis moi quelque chose .. stpppp ?!!

- je sens que je ne vais pas tarder à faire une bêtise, ne m'abandonne pas !!!!!

Blédiiii ??!!!.. Allooo ?!!... c'est moi ton fils ..!! tu es laaaa ????... Alloooooo ...

****

BIIIPP >>> VOTRE CRÉDIT EST INSUFFISANT, ET IL NE VOUS PERMET PAS DE CONTINUER CET APPEL .

VEUILLEZ DONC LE RECHARGER PAR VOS PROPRES MOYENS, OU CONSULTEZ LES HAUTES AUTORITÉS SI VOUS CONNAISSEZ QUELQU'UN .

SAUF BIEN SUR SI VOUS ÊTES LE PROCHE D'UN DE NOS MAIRES, MINISTRES OU GÉNÉRAUX , L'ACCÈS EST GRATUIT ET DISPONIBLE A TOUT MOMENT POUR VOUS .

-
-
-
-

LES INVITÈS

Tu vois ce moment la, ou tu es chez toi le plus naturellement possible . tu ne fais pas attention au désordre .

Tu es en mode pyjama et pieds nus .

Posé sur le canapé tel un léopard perché sur un arbre au milieu de la savane africaine . Entrain de regarder : maman j'ai encore raté l'avion!.. en grignotant un paquet de 'Curly' Saveur cacahuète de la marque Vico !

tu sais, ce moment la ou t'en à qu'une seule envie, c'est qu'on te foute la paix

mais bon ! La vie est injuste. Et ça la on le sait tous .

Et c'est pourquoi, on vient tout juste de sonner à la porte . Pfff c'est qui y'a rabiii !! C'est qui ?! Qui vient maintenant ?

La tu te mets debout et tu prends direction la porte sur le point des pieds, En mode espion, tu jette un coup d'œil à travers l'œil magique de la porte .

Et .. Et .. Et .. NONNNNNNNNNN .. Des invités ...
NOOOOOOOOON

Je jure par Allah, que ce moment la ou tu te rends compte qu'il y a des gens devant la porte. Est le même que celui ou on t'annonce le décès d'un proche .

Ma mère, elle devient hystérique . Moi je sors de ma peau. Ma sœur pète les plombs . mon père murmure tout seul aux oreilles des murs .

LE BORDEEEEEEEEEEEEL ....

Une chose est sûre, si les gens de l'extérieur, les journaux et les médias voient ce qui se passe en ce moment même à la maison, juste avant d'ouvrir la porte .

(Les gestes + les réflexes + les paroles + l'organisation + l'état d'esprit ..)

... ils feront de nous, la une des journaux et pendant longtemps ....

>>> ils ne peuvent pas prévenir avant nOn ?? ... Bah non !! Mais non !! Sinon ça gâchera l'effet de la surprise bien sur <<<

.... VOUS NE POUVEZ PAS RESTER UN PEUT CHEZ VOUS NON ? HEIN ?...

VOUS NE VOYEZ PAS QUE VOUS EMBÊTER TOUT LE MONDE LA ? ...

>>> Bon ok ! ... Je rigole ,,, rhooooo .. ! Au fait . Non . Je suis sérieux <<<

fin

PARLER DE TOUT ET DE RIEN, POUR NE RIEN DIRE !

Même si je ne sais rien du tout, je vous dirais quand même tout sur "rien".

Il n'y a rien de tel qu'un rien . rien est à l'origine de tout

On ne voit jamais rien, mais rien est partout

c'est beau Rien ! et c'est toujours un bon début .

On peut vivre de rien, croire en rien, rire de rien ...

Rien ! Est souvent ce qu'on fait de mieux .

Rien ! C'est ce qu'on dit de plus fort .

Rien ! Ce n'est pas rien . C'est même la meilleure chose qui puisse vous arriver.

>> Le mot "rien", que veut-il dire ? <<

De toute façon, quoiqu'il veuille dire, il ne dit rien. Donc pourquoi s'interroger sur ce qu'il veut dire puisque, qu'il le veuille ou non, il ne le dit pas.

Ceci étant, ce qu'il veut dire, c'est ce qu'il dit. Comme il ne dit rien, on en déduit qu'il ne veut rien dire. Rien de rien de rien.

Encore s'il s'agissait du vide, du zéro, de l'absence mais là, rien, non, on ne voit pas. En pareille circonstance, on imagine aisément la tête à Toto !

Bref ! Pour faire simple, Si vous avez tout, vous ressentez assez vite un besoin irrépressible de rien, et quand vous n'avez rien, vous manquez tout aussi vite de tout, même si, il faut bien le reconnaître, débuter avec rien n'est pas la fin de tout.

Quand on n'a rien, on est prêt à tout. Mais il est possible que ça ne donne rien. On a pourtant tout à gagner quand on n'a rien à perdre.

Il faut donc à tout prix y aller même si ça ne coûte rien.

Vous vous dites : comment y aller si je n'ai rien à me mettre ? Ne vous tracassez pas, un rien vous habille. Attention !! tout de même de ne rien emballer. Quand on veut tout, tout de suite, on ne perd rien pour attendre. Mais quand on ne veut rien, il faut s'attendre à tout. Passons à table. Rien ne presse, me direz-vous ? Peut-être, mais tout s'accélère. Si vous mangez de tout, vous ne laissez rien. Et si vous n'avez rien à vous mettre sous la dent, vous avez envie de tout : vous n'êtes pas raisonnable, non plus.

D'une manière générale, le tout est de ne rien laisser au hasard. Même si le hasard fait bien les choses, il ne fait pas tout.

Un bon à rien a tous les atouts pour n'arriver à rien. Malgré tous ses efforts, il n'y a rien à y faire, il n'arrivera à rien. Et il finira par se dire : et tout ça pour rien ?

Si vous n'avez pas tout suivi, ça ne fait rien.
Rien de rien. Je ne regrette rien.

+ J'Y PENSE ET + J'EN RIS

>>> Comme tout le monde, des cousins j'en ai des tas .

Au bled ! .. Presque tous mes cousins ont le même âge. Ils frôlent la trentaine

_On a grandi ensemble. Je les nomme «l'équipe de Stah»

> Pourquoi et d'où il vient ce nom ? ... Ehh ben c'est tout simple !

Au fait ! ,,mes cousins et Surtout pendant la saison chaude d'été . Ronflent la journée et ils se manifestent qu'en fin de journée, ou ils passeront une bonne partie de la nuit jusqu'au petit matin au stah .

_Ce fameux stah, Qu'on ne pourra pas avoir en France . Vu la structure et le plan de construction de nos maisons .

_L'avantage de STAH au bled . C'est qu'il est grand, vaste et à toit ouvert

_Beaucoup d'événements et d'occasions de fêtes m'ont marqué sur Nos STAH au bled . < mariages + henna + aïd + barbecues + jeux + conflits ... Etc !!

_Quand ça m'arrive de me retrouver avec mes cousins <tous célibataires> au stah . La conversation tournait souvent autour du football, des vacances à la plage, des dernières nouvelles, les amourettes du lycée, des Films de jean Claude van damme et Sylvester Stallone, et aussi bien évidement sur le visa, l'Europe et la beauté des femmes occidentales .

Tout en écoutant bien sur, les chansons de cheb khaled et Celine Dion, et en jouant aux cartes et au dominos .

_Je n'oublierai jamais ce soir la ou "´Ami cheikh", à débarqué au stah pieds nus, en mode débardeur et pantalon de pyjama .

> Hors de lui, et dans un état je dirais même hystérique, il nous ouvre un Opinel de 20 cm, Et il nous sort : qui souhaite mourir en premier ?! ..

> je précise bien sur, que cette soirée la, était à la base un événement heureux, qui consistait à célébrer la réussite de mon cousin "mohamed" à son examen de bac, et aussi l'obtention de sa carte jaune .

Nous étions une quarantaine, cousins, amis, profs et voisins .

> le son fort de la musique, le bruit qu'on faisait avec nos pieds pendant qu'on dansait, et les éclats de rires, ont sans doute dérangés beaucoup de voisins dans leurs sommeils ce soir la .

"´Ami cheikh", nerveux de nature ne tolère pas cette situation, en plein pétage de plomb, il décide de mettre fin à cette mascarade .

> avec son Opinel à la main, "´Ami" désigne le VCD du doigt, et il demande son propriétaire . À savoir bien sur qu'a cette époque la (2000); j'étais le seul parmi mes cousins à posséder ce genre de lecteur vidéo musique .

> Bien évidement, en aucun cas je me manifeste. et J'essaye même de me faire tout petit, en me cachant derrière la citerne d'eau.

> Sans réfléchir, "´Ami" s'en prend à la première personne qui se trouve face à lui .. >> tu n'a pas honte ?! Hein ? À ton âge tu viens danser chez moi ? Sur mon toit ?

► Au fait, c'était "Belkacem" ! l'imam et le beau frère de mon cousin .

Et naturellement qu'il ne dansait pas .. mais pas du tout, au contraire, il était assis tranquillisent avec le prof de compta .

_Après avoir diminuer la musique, on s'excuse auprès de '"Ami cheikh".

Son Fils (aussi un cousin), tente de le calmer, tant bien que mal.

>> LAHCHOUMAXXXX <<

• La soirée continue dans le calme, avec beaucoup de gène, mais aussi beaucoup de rires . __ On vient d'assister à une première dans la famille --- Une scène comme On à rarement vu .

• Des profs + un imam + des invités, et '"Ami" en débardeur avec l'intention d'en finir avec nous tous une fois pour toute.

Aieeeee .... On se rappellera de cette action pendant bien longtemps .

_ PS : ce VCD, je ne l'ai plus utilisé depuis ce jour la, il est enfoui quelque part dans le grenier . ^_*

Chère inconnue

Chère inconnue,
Je te veux depuis que je t'ai vu ..

Et depuis que nos regards se sont croisés, je ne dors que très peu .

Tu as pris à la fois, mon esprit, mon cœur et mon sommeil

Je me réveille et je m'endors en visionnant ton visage qui me hante sans arrêt .

Il suffit que je te vois dans mon rêve, pour me sentir bien .

Certes, tu es la plus belle chose qui puisse m'arriver dans ma petite vie.

S'il te plaît, sois compréhensive et laisse moi te dire ce que j'ai dans le cœur; je ne peux plus le garder pour moi .

Je t'aime, je te veux et je veux être à tes côtés .

J'aime tes yeux et ton sourire.
J'aime tes cheveux et ton front.
J'aime tes lèvres et tes sourcilles.
J'aime ton nez et ton menton.

Combien de fois, j'ai voulu t'exprimer mes sentiments et t'annoncer à quel point je te love.

Hélas, par pudeur et manque de courage mon silence me torture l'esprit et m'empêche de déclarer mon amour pour toi .

Quand je te vois arriver, mon cœur bat très fort, Mes jambes tremblent et je perds inexplicablement mes moyens .

Tu es mon rayon de soleil, ma lumière et mon oxygène . Sans toi ma belle, tout devient sombre, triste et amer .

Donne moi juste une chance, aide-moi à t'aimer .

Je veux être sincère et honnête avec toi, sois-le donc avec moi, et tu verras que je me sacrifierai pour toi.

J'aurai voulu t'envoyer un messager pour t'annoncer tout ce que je ressens pour toi . Pour te déclarer ma flamme, que toi seule pourra éteindre .

Dis oui .. Dis oui à notre Amour, et mon chagrin s'apaisera

Dis oui .. Dis oui .. que je me repose enfin de ma douleur infernale.

Dis oui .. Dis oui à mon je t'aime .

LA BROSSE À DENT

La brosse à dents est un parasite de la famille des "propriacés" (gant de toilette, éponge, gant de crin, ...) mais attention, elle n'est pas un parasite comme les autres. Contrairement aux autres espèces de parasites, la brosse a dents ne se nourrit pas sur le dos de son hôte mais dans sa bouche.

Très utile, elle mesure en général dans les 15 centimètres. Elle porte à l'une de ses extrémités des poils. Les hommes et les femmes s'en servent. La plupart du temps elle ne fait rien, attendant son travail qui se résume en des va-et-vient répétés dans une cavité chaude et humide. Le travail accompli, elle laisse dans cette cavité une substance blanche, moussante, collante. On retrouvera cette substance sur elle-même et dans ses poils. Un nettoyage avant sa prochaine utilisation est nécessaire. L'utiliser plus de deux à trois fois par jour n'est pas à la portée de n'importe qui.

DE LA NAISSANCE À LA MORT

Si l'apparition d'une nouvelle brosse à dents est à chaque fois un vrai miracle sur terre, sa vie n'en demeure pas moins assez simple. De caractère grégaire la brosse à dents commence dès son plus jeune âge à se rassembler autour d' (voir dans) un verre. Elle n'en sort qu'aux heures des repas pour se nourrir et se laver.

Il est à noter que la brosse à dents ne fait pas la cuisine et mange donc froid les reliefs des repas de l'hôte chez qui elle s'invite.

La brosse à dents est d'un caractère facile, avec une vie réglée comme du papier à musique. Elle ne sort en général qu'à la nuit tombée, à l'heure où les grands fauves ont fini de manger.

La brosse à dents a pris l'habitude de déjeuner toujours chez la même personne, d'un naturel frugal, elle se contente de peu, mais, si la pitance est abondante, un grand repas ne lui fait pas peur. Elle a l'habitude, dans les pays "riches", d'accompagner ses repas d'une pâte de couleur clair présentant un fort goût de menthe.

La brosse à dents bien que rarement sujette aux maladies, peut dans certains cas souffrir d'alopécie (perte de poils) ou même de mauvais traitement de son propriétaire. Ce qui la rend particulièrement irritable.

Sa durée de vie peut varier, de 3 mois pour une brosse à dents norvégienne à plus de cinq ans pour une brosse à dents auvergnate. Unique manifestation de son vieillissement, l'ébouriffage des poils de brosse à dents est signe de son déclin et de sa mort prochaine. Mais c'est aussi le signe d'une nouvelle vie car en général la brosse à dents peut se réincarner en brosse à chaussures, brosse à 78 tours, ustensile de bricolage, voir de plaisir pour les brosses à dents électriques, et a bien d'autres usages encore

LES SUPERSTITIONS

Selon des superstitions très répandues :

▶ Passer sous une échelle, portera malheur .

▶ un miroir Brisé, causera 7 années de malheur.

▶ un chat ou un chien qui te fixe du regard pendant que tu manges, provoquera un orgelet à l'œil !

▶ jeter du sel sous la chaise d'un visiteur indésirable, … le fera partir !

▶ manger des lentilles le 1er jour de chaque mois, mène à avoir toujours de l'argent .

▶ porter une robe à pois le jour de l'an, synonyme de Prospérité toute l'année !

▶ il faut uriner sur une pièce de monnaie trouvée en chemin avant de la ramasser, pour éviter que la main n'enfle !

▶ une grosse mouche dans la maison, signifiera qu'on va recevoir une visite !

▶ démangeaisons dans la main droite, signifient qu'on va dépenser de l'argent .

▶ démangeaisons de la main gauche, signifient qu'on va recevoir une somme d'argent .

▶ on ne fait pas un lit a deux ! ça portera malheurs & maladies .

▶ on ne mange pas directement dans une casserole ou avec une louche, sinon il pleuvra le jour de notre mariage

▶ ne pas ouvrir un parapluie à l'intérieur, sinon quelqu'un mourra .

► c'est détestable quand un chat noir traverse devant toi de droite à gauche.

► les corbeaux, annoncent les mauvaises nouvelles .

► ça porte malheur d'être 13 à table .

► il ne faut pas ramasser la nourriture tombée ou trouvée par terre, le sheiytan [diable] l'a lécher

MAINTENANT JE VOUS ANNONCE MA PROPRE SUPERSTITION TRÈS RÉPANDUE :

► Il ne faut pas être superstitieux, car cela portera malheur !! ◄

tout ce que je viens de citer en haut, c'est à jeter à la poubelle .

l'islam nous apprends et nous enseigne de placer notre confiance en Allah et de foncer .

les échelles, les miroirs, les chats et les mouches .. n'ont aucun pouvoir sur nous .

JE NE DIS PAS CE QUE JE PENSE, MAIS JE PENSE CE QUE JE DIS !

\>> Ils aiment trop les embrouilles .
Et ils attendent les gens, juste après le virage.

\>> Ils jouent 100 rôles, ils ne valent rien . Ce n'est pas des bonhommes .. Dommage !

\>> Ils ne sont la que par intérêt, et ils n'apportent aucun bien . Ces gens la, n'ont rien que le visage .

\>> Ils portent des masques de lions, Rien que Pour manipuler . Mais en vrai, ils ne sont que des poules .

\>> Il vient te voir, on te rapportant ce que l'autre à dit sur toi, rien de cool .

\>> Il retourne le voir bien sur, en racontant ton mécontentement; Et il en rajoute même un peut en bonus.

_ Normal .. Le mensonge dans son sang, coule.

\>> Eh ., Oh ! Apprenez ... Apprenez à parler en face .
Et occupez-vous de votre cas, qui est déjà un impasse .

\>> Derrière nos dos, vous critiquez . Mais ! vous nous complimenter hypocritement une fois en face .

\>> J'hallucine de cette époque ...
On entends que des on dit !!

_ ils ont vu, ils ont fait, ils ont dit ...

\>> Se mêler de la vie des gens, S'est devenu non seulement une maladie, mais un droit social .

_ Leurs kiffes, c'est de nous déranger, rabaisser et salir notre réputation en général.

> Des pros de la médisance. Ils ne prennent jamais congé
_Ta vie et tes affaires, sont la source de leurs forces et présences .

>> Même si tu lui rend service plusieurs fois. Et même si Tu bosses pour lui 100 ans.

_ il suffit que tu te trompe ou tu te loupe juste une fois, pour qu'il fera de toi la une des journaux, et pendant longtemps .

>> j'hallucine .. J'hallucine de cette époque et de ces têtes à claque .

>> Écoute-moi ! Écoute-moi bien l'ami .... _ferme ta gueule et reste à ta place . je m'appelle Ali et j'ai un message à te faire passer sur place .

>> Achète-toi un cerveau. Et va étudier ou travailler. et surtout mêle-toi de tes affaires, avant ton atterrissage à 2m sous terre .

MA MOBYLETTE & MOI

2002 • j'ai 18 ans • Je suis en terminal L

c'est le printemps, la période des vacances scolaires, cool !! pas de cours !!,, mais le vide et l'ennui me torturent l'esprit , c'est moins cool du coup .

une voix dans ma tête me dit : sors ! Vas faire un tour, va le plus loin possible

je veux bien changer d'air, voir autre chose que les murs de ma chambre .

je n'ai marre de ce rythme de vie, il ne se passe jamais rien, c'est toujours la même chose, toujours les mêmes personnes, toujours les mêmes paroles,,,,

l'obsession de m'évader vers un autre monde, me pousse jusqu'au bout,,,

j'ai qu'une seule envie, c'est de partir, de marcher sans jamais m'arrêter ou de me retourner

▶ problème : entre vouloir et pouvoir c'est toute une tornade de complications .

je veux bien partir quelque part, mais ou ? Quand ? Et Comment ? ,,,

_16H d'après midi, une très belle journée de Printemps, je ne supporte plus cette routine, faut que je bouge quelque part, et maintenant ,,,

sans trop réfléchir, je prends ma veste en daim, ma pièce d'identité et un opinel de 20cm

-Mais je ne peux pas quitter la maison comme ça, sans prévenir ! ..

- pardon ? et quoi encore ?! Annonce-le aux voisins aussi, pendant que tu y es.. me dit-elle une voix dans ma tête ! .

une idée satanique, me traverse l'esprit, c'est d'improviser une scène de pétage du plomb, [c'est de retourner la chambre, et de tout jeter par terre, pour faire croire que j'étais hors de moi en faisant ça, et que je suis parti faire un tour] .

mon moyen de locomotion ? ,,, une mobylette rouge qui appartenait à mon père, ou mon oncle ou mon à grand père d'ailleurs, enfin .. je n'ai jamais su vraiment qui c'était son propriétaire .

il se passe rien dans ma tête, c'est le grand vide ,, je ne pense à rien ... mon cerveau s'est arrêté de gamberger !

> je démarre donc la mobylette, direction la pompe à essence, __ faire le plein est essentiel quand on ignore ou on va ! ,,,

je quitte la pompe à essence, et je roule ,, je roule,,, je roule,,, je ne pense vraiment à rien,, comme si j'étais seul sur cette planète ou comme si je venais de naître !

au bout de 1h ! ,,, je roule encore, c'est le couché de soleil ,, je m'éloigne de plus en plus de ma petite ville ,,, je ne m'arrête pas tant qu'il y a de l'essence dans le réservoir .

18H ... la mobylette ralentie toute seule, ,, et pafff,,, elle s'arrête d'un coup,,, ! Je la redémarre ,, ok c'est bon ! Ça roule encore,,, !! ,, ça m'intrigue un peut ce mouvement et ce bruit que la mobylette fait ,, ! je connais ses caprices,, !! mais cette fois-ci je sais ce qu'elle à !!

J'ai consommé tout l'essence et je roule qu'avec la réserve ,, ! je ne veux pas penser à ce moment la ou elle me laissera tombé au milieu de nulle part,,,

je me trouve dans un endroit désert .. ! Très peut d'habitants ...quelques petites maisons et des champs de Maïs a perte de vue .

_presque 19h, ma mobylette rouge, me lâche pour de bon ! ... plus aucune goûte d'essence

c'est la toute première fois de mon existence que je me retrouve dans une telle situation, moi seul au milieu de nulle part, en panne d'essence, personne à l'horizon et il commence a faire noir ,,,

ma nature saine et mon instinct m'ont fait prononcer à haute voix la phrase suivante : { ok très bien ! Et maintenant ??? hein ? Et maintenant ? c'est quoi la suite ? } .

je me suis mis sur le coté, tout en restant assis sur ma mobylette, on essayant de trouver une solution à cette drôle de scène.

je n'ai pas trop le choix que d'abandonner ma mobylette rouge et de continuer à pied !! mais continuer ou ? Pour aller ou ? Chez qui ? ,,, JE NE SAIS PAS !!!!

pas loin, j'aperçois un panneau départementale avec le nom de la commune , «OUED BOKYOU» .. ok ! .. et ça sera donc l'endroit ou j'ai abandonné ma mobylette au cas ou on me demande .

dans ce petit village je trouve un petit hanout, ça tombe bien , j'ai soif, dans ma veste j'ai 1000 dinars , parfait ,, je ne suis pas encore un clochard fauché , et ce n'est pas ce soir que je vais mourir de faim !!

j'ai quand même une petite crainte, je n'ai pas envie de me faire agresser par des inconnus, je cache donc bien mon billet et je garde mon couteau opinel dans ma poche droite de ma veste en daim .

une fois dans le hanout, je prends une bouteille d'eau, un gâteau et un yaourt .

il fait officiellement nuit, je ne sais pas ou je suis, mais ce n'est pas pour autant que j'arrête de marcher , au contraire .. je me sens très libre ! en paix avec moi même .. je ne pense vraiment à rien .. je marche tout droit et c'est tout,,

je marche encore presque 1h, et je décide de faire une petite pause, question de goûter ce yaourt et ce gâteau au chocolat .

▶•◀ Zoomant un instant sur la situation !,,, personne sait ou je suis, je n'ai pas de téléphone, il fait nuit, j'ai abandonné ma mobylette rouge, je n'ai pas beaucoup d'argent, je ne sais pas ou je vais, et je commence a me poser la question suivante:

_au fait ? Pourquoi je fais ça ?,, suis-je fou ? Suis-je atteint d'un mal occulte ?

> Mon cœur me dit, tu as pensé à ta famille ?,, aux gens qui te connaissent ? Ils diront quoi ? Ils réagiront comment à cette disparition ?

> Ma raison me dit : ne pense à rien !! tu n'es pas bien la ? Ce n'était pas ce que tu voulais ? ...

__ raison ? Ou folie ?,,, je ne pourrai l'expliquer !!

je continu donc ma route, toujours tout droit, aucun

panneau ,, aucune lumière, les voitures se défilent les unes après les autre,,,

-leurs feux me servent de lumière pour m'éclairer un peut la piste ou je marche .

J'en ai aucune idée combien de km j'ai fait, mais je sais que j'ai beaucoup marché, pas question que je dors ici au milieu de nulle part, je peux encore marcher,,, donc je continu ...

je m'enfonce dans le noir, la piste sur la quelle je marche depuis tout à l'heure se rétrécie de plus en plus, et je risque de me faire percuter à tout moment par une voiture ou un pois lourd .

je sert fort mon opinel, c'est le seul objet que j'ai pour me défendre . Me défendre de quoi ? Je ne sais même pas . Et surtout que je venais tout juste de réaliser que les chiens n'ont aucune peur des opinel's ,,, et ce n'est pas du tout l'arme idéale pour se défendre contre des chiens, des loups, des sangliers sauvages ou autres...

j'opte donc, pour la plus ancienne des armes utilisées en manière d'auto défense à distance . un bâton bien long, lourd et Costaud .

de loin je reconnais l'immense panneau de la bifurcation tlemcen Oran maghnia ,et aussi, des panneaux d'avertissements pour un barrage fixe de la gendarmerie nationale qui attitrent curieusement mon attention ,

je me pose 2 ou 3 questions ! ,, vont-ils m'arrêter ? Mais je suis qu'un simple piéton pourtant !? Mais un piéton un cet heure-ci, dans un endroit pareil ! C'est louche tout de même !! ,, et s'ils m'arrêtent ? je leur dit quoi ? ,,,

sans réfléchir et c'est sûrement la plus grosse connerie du siècle, ça n'a pas de sens, et sans trop savoir pourquoi, je prends mon opinel et je le jette dans un buisson , au cas ou je serai fouiller par ces gendarmes .

j'arrive enfin a leur niveau, je continu ma marche le plus normalement possible, en espérant de passer inaperçu !!

personne m'a calculer , !! cool, mais je regrette fort mon opinel , je me sentais rassuré avec, j'ai perdu ma seul et unique source de sécurité .

_il est entre 00h00 et 01h00, je prends direction Tlemcen, je ne ressens rien ! Ni peur ni angoisse ni fatigue, ... une machine qui marche vers l'inconnu .

après 3heure de marche en suivant seulement la lumière de la lune, magnifique pleine lune d'ailleurs ce soir la !! ,,, j'arrive au monument d'El émir Abdelkader [bienvenue à tlemcen] .

sur le coup je me sens un plus serein et en sécurité ! c'est la ville, c'est lumineux et c'est mouvementé .

je vois un café, il est ouvert ,,, y a encore une petite poignée de gens dehors sur la terrasse; je n'ai pas faim, et je ne veux rien !! enfin si !! ,,, je veux dormir,,, je ressens plus mes jambes,, mais je m'en fou,, je veux juste m'allonger sur un banc et dormir jusqu'au matin.

je trouve rapidement mon bonheur, dans un petit jardin public, je m'allonge sur un banc, mais mon repos était de courte durée !.. secoué délicatement par un groupe de jeunes, qui pensaient que j'étais un militaire qui à déserté sa caserne,

je leurs explique que je ne suis ni un militaire ni un SDF, et que je souhaite juste dormir un peut et reprendre ma route J'ai réussi à dormir à peu prés 3 heures, l'Adhan du fajr ma réveillé,,, je bois un coup et je continue ma route .

pas beaucoup de monde dehors à cette heure-ci, mais je croise tout de même 2 jeunes toxicos sur mon chemin, ils étaient deux, et plus costauds que moi, j'étais seul , et ils avaient leurs opinel a eux ,, mais moi le mien est dans un buisson ,,, !! aieee,, je le regrette + que jamais cet opinel.

Je n'ai pas peur d'eux !! .. l'un m'interroge sur mon nom, d'où je venais, et ou j'allais . _ J'invente une vie et je le baratine .

l'autre veut savoir ce que j'ai dans mes poches, je lui demande d'abandonné cette idée, et je l'assure que je n'ai pas d'argent sur moi .

étrangement, les 2 jeunes me prennent facilement et rapidement par un des leurs, et ils m'invitent même à s'asseoir avec eux en attendant le levé de soleil .

je joue le jeu, et je ne trouve pas de difficulté
à leurs faire croire que je suis comme eux, et que je passe ma vie dehors aussi ,, !! une façon comme autre d'assurer mes arrières ,, !! je les connais pas et je ne leurs fais pas confiance ,,

vers 7h du matin, un certain «Abdou les couleurs», qui m'a vu assis avec eux, vient me voir et ils me demande de ne pas trop squatter avec ces deux la .

il avait compris que j'étais en galère de quelque chose, mais «abdou les couleurs», était très spécial, il m'a pris par l'épaule, m'a jeté un regard très profond et il m'a dit : est-ce que t'es un militaire ? Vas y parle ?,, je lui dis que non !

il me propose d'aller boire un café avec lui, pas dans un café mais plutôt dans son lieu de travail ! Une école primaire ou il travaillé comme gardien .

je l'accompagne, sans trop me poser de questions, je me dis juste encore une fois que j'aurai du garder cet opinel ! ,, je sens que je vais en avoir besoin dans pas longtemps ,,,

Abdou il est gardien et peintre, d'où son surnom «les couleurs », il est de Aïn temouchent , il a une fille de 7 ans , et il sera prêt à tout pour elle ,

Abdou, me sert un café et il me conseil de revenir sur mes pas, et de rentrer chez moi, prendre une douche et me mettre en mode short et me relaxer ,

en me laissant son num de tel, il me prend dans ses bras, et il me dit que je ne dois pas m'inquiéter, y a encore tellement de belles choses à découvrir dans ma vie, et que ça y ira pour moi .

>>><>>>><<<<><<>>

_8h du matin, pas question de faire demi-tour, je continu mon chemin ,,,je n'ai presque plus d'eau, mais je ne suis pas inquiet !... aucune conscience, aucune pensée, aucune crainte, aucun stresse ,, je marche tout droit et c'est tout .

il fait plutôt chaud pour une matinée de printemps, j'ai une grosse veste, elle est lourde, et je la porte comme un poids sur mon dos , je commence a traîner les jambes ,,, mes pieds n'arrivent plus à s'avancer .

une chose est sure, je n'ai jamais autant marcher de toute ma vie, sous un olivier pas loin je profite de son ombre pour m'effondrer, tel un coureur de marathon qui vient de franchir la ligne d'arrivée en laissant son énergie derrière lui
je demande de l'eau à un agriculteur sur son tracteur, en me voyant dans cet état, il me propose de me déposer quelque part !! je refuse, .. non merci .. beslama .

> je continu encore tout droit , tout droit ,, ! mais pour aller ou ? ,, je ne sais pas ! il ne se passe rien dans ma tête, mon cerveau ne veut plus communiquer avec moi ,, ! aucune nouvelle de ma raison .

alors c'est ça la folie au fait ?,,l'inconscience !! c'est exactement ça !! … tu parles, tu manges, tu bois, tu communiques mais sans état d'âme, le cerveau et la raison emballent leurs bagages et ils te laissent seul au monde .

>> il est sûrement 12h passé, vu l'intensité du soleil, et je commence à penser a voix haute . __ c'est très étrange, je suis tout seul sur une route blindée d'automobiles, en direction de : Aîn temouchent, je le sais, car je vois le grand panneau en face de moi ,, !! et je me sens libre, je suis content, je dis pleins de choses à haute voix …

meeerde !! est-ce que c'est ça la folie vraiment ? ,,, mais comment un fou peut-il savoir qu'il est fou ? .. c'est bizarre, je me sens pas fou pourtant !!

je suis debout devant le panneau Aîn temouchent, je le regarde … je le fixe pendant un long moment , est-ce la raison qui revient de sa pause ?,, pourquoi je suis debout comme ça ?,, je m'arrête pourquoi ?,, heuu ,, heuuu, heuu ,,,ok

je ne comprends plus rien du-coup ! La voix qui m'a fait venir jusqu'ici, me demande maintenant de faire la même chose, mais dans l'autre sens ,, !

_ _ _ _ ces tirets la, symbolisent le grand vide que j'ai eu dans ma tête à cet instant la, zéro capacité de concentration , comme si j'avais rien appris dans ma vie, une page blanche .

je ne sais rien ,, je ne connais rien , et moi ? Ehh hooo !! allo ?! Moi qui suis-je ? ,,

mais pourquoi je marche depuis 2 jours ?! ,, et pourquoi je fais demi-tour ?,, Je suis venu ici pourquoi ?,, et je repart pourquoi ? .. et si genre je demande a un déranger de la tête comme moi en ce moment, il pourra me répondre ?,, _bref ! Faut vraiment que j'arrête de parler tout seul ,, c'est flippant ,

je ne me vois pas du tout refaire le même chemin, je suis épuisé, mes mollets changent de couleur, j'ai peut être perdu la raison, mais je ne veux surtout pas perdre mes jambes .

faire du stop ! Pourquoi pas ? ,, si ,,si ! J'essaye ,, je m'en fous !

1 heure après ! ,, je me rends à l'évidence et je me rends compte que j'ai une sale gueule, je fais flipper et j'inspire pas trop confiance ! ... personne ne s'arrêtera pour moi

>>>>>>><<<<<<<

le chemin de retour, était beaucoup plus long que l'aller, et complètement différent .

je n'arrête pas de marcher depuis 2 jours, je fais que ça,, !! je n'ai pas dormi et mes pieds me font terriblement mal .

j'arrive un un pont, au moins 30 mètres de hauteurs ,, !! en bas, une belle vue sur des rochets et un petit OUED sur le point d'assécher ,,, !! presque plus d'eau .

je suis rester tellement longtemps debout en regardant ce lac, je ne pense à rien, mon regard s'est figé sur ces rochets, je ne sais pas si c'est la fatigue ou c'est autre chose,, mais je suis rester tellement longtemps debout, que j'ai senti une main sur mon épaule, accompagnée d'une voix qui me disait : N3al chitan khouya, ne fais pas ça ,, ne pense pas à ça, tu es tout jeune,

c'était un passant, qui m'a vu à travers les vitres de sa bagnole, et qui voulait s'assurait que je ne ferais rien, qui pourra me mener à ma perte .

son intervention, m'a aidé quelque part a me ressaisir et reprendre mon chemin,

je ne suis pas loin de l'endroit, ou j'avais croisé "Abdou" et les 2 autres zigotos, il me reste encore quelques billets dans ma poche, juste ce qu'il faut pour acheter un truc un grignoter, une bouteille d'eau et un jus ifrit .

Au monument d'El Amir Abdelkader, le soleil se couche, le temps change , il fais plus frais,, un peut trop frais,, !! le ciel change de visage, le beau bleu ciel, se transforme tout doucement en gris noir sombre .

marche ou gréve !! ,, non non je marche ,, !! je préfère crever plus tard, une fois chez moi,, enfin !! dans la limite du possible quoi !!

c'est marrant, car pendant un instant je me suis dis, purée :: ,, s'il va pleuvoir ! Je vais être trompé jusqu'à l'os , j'aurai du prendre mon parapluie !! ,,, HMMM ! comme si j'étais en balade en ville .

ehhh Ali ?!,, qu'est ce qui se passe dans ta tête? C'est le fou de ta folie qui se moque de toi ou quoi ? ,, tu n'es pas en balade la !!,, tu es même inclassable d'ailleurs, avec un tel comportement, tu es dans une catégorie de gens inconnu d'état civil, médical ou social !!!!

bref ! On oublies le parapluie !! ,, aller ,,, de tlemcen à

ghazaouet, c'est la porte a coté , ce n'est pas très loin , si en voiture on mets 1h, à pied ça ne devrai pas être beaucoup plus long .

la nuit tombe, je serre le plus possible à droite, les voitures me voient pas ,,, !!

j'entends des aboiements de chiens de tous les cotés, je n'ai pas peur des chiens, mais le fait qu'ils soient aussi nombreux, et le manque de lumière m'intrigue un peut .

À sidi moussa, il est 2h du matin, le bon-dieu, moi et mon bâton... un vent comme je n'ai jamais vu, des bruits comme je n'ai jamais entendu, une nuit sombre que je n'ai jamais connu .

c'est terrible, .. mais je n'ai pas peur !! ,, ah non pardon ! Je ne suis pas conscient plutôt . je marche,,, je marche,,, je marche,,, et je marche encore et encore,,,

je voudrais m'arrêter 2 secondes sur ma tenu vestimentaire, je suis habiller comme si j'étais inviter à un mariage, j'ai oublié d'ailleurs pourquoi j'étais habillé pareil .

chemise grise, pull gilet, un pantalon classique noir, des chaussures de ville [je n'aurai jamais penser qu'on pouvait marcher autant avec des chaussures de ville], et ma veste bien évidement.

c'est trop spécial tout ça ! ,, ma tenue n'est pas du tout adéquate et compatible avec ce que je fais depuis 3 jours .

bref !! ,,, j'entends le moteur d'un tracteur, .. c'est encore loin, j'ai du mal a calculer à peu prêt la distance de ce tracteur, à cause du vent !

ok ! Je le vois, et il m'a vu aussi ! .. il hésite !! il ne sait pas qui je suis ! Moi non plus , il ne veut pas de problèmes, et moi j'en ai un.

__ ehh toi !! c'est comment ton nom ?..tu vas ou comme ça tout seul à cette heure-ci ?

__ tu vois bien que je marche ?! ,,, je rentre chez moi !

__ ehh fiston ?: ça ne va pas la tête ?,, tu sais ou tu es la ?,, personne ne s'y aventure seul ici la nuit !

__ [ah non ! La tête, ça ne va pas du tout !] .. je lui dis que je n'ai pas peur !

__ monte !! ,,, aller viens , je t'avance un peut .

,,,, je monte avec ce monsieur dans son tracteur, il me dit qu'il est de Nedroma, (Al-mahreZ), et que je pourrai passer la nui chez lui si je le souhaite .

je refuse bien évidement, je le remercie pour la balade en tracteur, et je continu mon chemin .

j'avoue que ce tracteur, m'a bien rendu service, j'aurai très pu me faire agresser ou attaquer par des ours ou des loups garous . lol

> et aussi ça m'a reposer un peut . je ne sens plus mes pieds ,,, j'espère que je ne vais pas perdre l'usage de mes jambes . La Douleur est insupportable .

une fois à Nedroma, le ciel gris noir sombre, à ouvert ses vannes pour une pluie qu'on voit que dans les films . Il pleut des cordes, mais vraiment des cordes d'un très gros calibre .

Et en quelque minutes, je deviens inconnaissable, ma

pièce d'identité ressemblé à un document très rare de l'époque du rois Arthur, sur le quel on a du mal à déchiffrer les mots, suite à l'effacement de l'encre .

personne dans les rues de Nedroma !! pas un chat ,, je suis le seul être humain dehors sous une pluie battante, je cherche un abri ,,, ! mais j'ai très froid,, ! Je repense à l'expression ,, marche ou gréve !!

je ne comprends pas !! j'ai pourtant beaucoup beaucoup marché, et ce n'est pas très juste, c'est en plus de ça, je crève de froid .

la pluie s'est arrêté, j'arrive au niveau de la Zawya de Nedroma , il fait noir, mais j'arrive à distinguer une silhouette sur le toit de la zawya .

je m'approche, et je confirme ce que j'ai vu, c'est bien un homme qui prie sur le toit de la zawya a 4h du matin, à savoir que la pluie vient tout juste de cessée .

c'est qui cet homme ? Qu'est ce qu'il fait la ?,, c'est quoi son histoire ?,, pourquoi prier sur le toit d'une zawya à 4h du matin ?

je le regarde, sans peur, sans stresse, .. je suis trompé, j'ai froid, mais je garde mon calme

il fini sa prière, et il vient me voir, il m'interroge sur mon nom et qu'est ce que je faisais la, d'où je venais et ou j'allais... ?

je lui dis, que j'étais a Tlemcen chez des amis, et ils m'ont laissé tomber, du coup je suis venu à pied

il n'est pas très convaincu par ma version, normal !! moi non plus .

il me propose de me déposer aux taxi des Nedroma, je refuse,, !! son visage ne m'a pas plu . Et je ne le sens pas trop.

il insiste !! ,, ok j'accepte ,, ! une fois dans la voiture, il me dit que rien n'est gratuit dans la vie, et si je veux qu'il me dépose au taxi, je dois lui faire une faveur.

gentiment et très calmement, je lui fais savoir que je ne mange pas de ce pain la, et je rajoute, qu'en temps normal, c'est mon opinel qui parle à ma place ,,, ahh ,, que je le regrette cet opinel .

il insiste pas, mais il voit que j'ai une très belle montre made in France, un cadeau de mon grand père. Il prend la montre, et un long silence pendant tout le trajet .
il me laisse juste devant l'arrêt de taxi et il s'en va .
> TRES ETRANGE COMME RENCONTRE >

<<<<<>>>>><

il est presque 5h du matin ! Le retour de la pluie, je décide de finir à pied, j'ai déjà marché des centaines de km, je peux finir les dizaines qui restent .

il pleut énormément, je vois même plus la route, je sais que je vais être malade. enfin !!,, si je le suis pas déjà .

Qu'est ce que je ne donnerai pas, pour avoir un parapluie..... !!

sur mon chemin, j'entends un bruit terrifiant, c'est celui d'un sanglier sauvage, énorme bête,,

je ne peux pas courir, ,, je ne peux même pas marcher ,,, !! __ je le fixe,, il me fixe,, !! il pleut des cordes,, je suis mouillé, j'ai hyper froid et je suis épuisé .

s'il avait pris la décision de me foncer dessus, ça aurai été un beau massacre . incapable de le feinter ou de l'esquiver , au bout d'une minute, et c'est sans doute la minute la plus longue de ma vie, il laisse tomber l'affaire et il fait demi-tour .

il avait sans doute compris que je ne valais pas la peine, ça montre bien à quel point mon cas était désespéré . même le sanglier ne voulait pas de moi ,, il pensé que j'étais un des siens .

_6h du matin, j'arrive à Ghazaouet, .. il pleut encore énormément, je me cache sous un abri, face au centre de formation informatique chez "Zemani".

Je ne veux pas rester plus longtemps ici, les gens me connaissent et il vaut mieux que je reprenne mon chemin vers chez moi, je suis dans un état lamentable !

>> je ne prends aucun transport en commun .

j'arrive à la maison vers 8h du matin, et je me rends compte que ma mésaventure, à fait beaucoup de bruit, je ne suis pas en état de rendre des comptes ou de m'expliquer .

je ne sais toujours pas si je vais bien ou pas, je suis dans un état d'esprit très sombre, entre le mystère et la réalité, la déprime et le pétage du plomb, entre le regret et la satisfaction d'avoir accompli un exploit .

mon père très inquiet, me demande comment ça va, et ou j'étais ! .. je me contente de lui murmurer 2 ou 3 mots, en lui disant que je faisais un tour .

Mais mon entourage, juge mon état très grave, et un transfert en urgence à l'hôpital s'impose .

Après mon Séjour d'une semaine donc à l'hôpital, je retrouve mes esprits, et l'usage de mes jambes .

--*-*-*-*-*-*-*-* FIN *-*-*-*-*-*-*-*-*-*

NB  TONTON MOHAMED, DSL POUR LA MOBYLETTE ROUGE, SUR MON CHEMIN DE RETOUR, JE L'AI CHERCHÉE, MAIS ELLE N'ETAIT DÉJÀ PLUS LA

DSL ET MERCI ,,, DSL POUR LA PERTE DE TON BIEN, ET MERCI D'ETRE RESTER A MES COTES DURANT TOUT MON SEJOUR A L'HOPITAL

PAPA DSL DE T'AVOIR FAIT SUBBIR TOUT ÇA, C'EST TOI QUI A SOUFFERT LE + DANS CETTE HISTOIRE ,, DSL ENCORE ET J'ESPERE QUE TU ME PARDONNERA UN JOUR

MAMAN DSL SI JE T'AI FAIT PLEURER ,,, MES ENFANTS ME FERONT LA MEME CHOSE, C'EST COMME ÇA,,, COMME TU FAIS ON TE FERA

TONTON SAÏD ET ABDERREZAK MERCI BCP POUR VOTRE PATIENCE AVEC MOI

POUR LE RESTE DE LA FAMILLE JE VOUS DIS UN GRAND MERCI .. UN GRAND PARDON ,.,.,

_ Mon niveau de sarcasme est arrivé à un tel point que parfois je me demande moi-même si je plaisante ou pas....

_ Une tomate sa peint en rouge, un citron sa peint en jaune et un sapin en vert...

_ Après réflexions, c'est bien la mort qui tue le plus de gens vivants .

_ C'est l'histoire d'un paysan qui a été condamné à 3 ans ferme

_ La femme parfaite existe...C'est une licorne qui me l'a dit...

_ 100 % des anorexiques qui accouchent finissent par perdre les os...

_ Les gens intelligent sont pleins de doutes... Enfin je crois...

_ Je ne joue jamais, tu paries combien ?

_ Un peu de fièvre peut être due à votre mal de tête, et maintenant pour des nouvelles plus fraîches va falloir ouvrir le réfrigérateur.

_ il ne faut pas dire aux gens qu'ils sont cons, mais il ne faut pas oublier qu'ils le sont.

_ Je sais pas si c'est une légende mais ma main dans ta gueule, ça risque pas d'être un conte de fées.

_ Le mariage, c'est comme le restaurant. Dès qu'on est servis, on regarde ce qu'il y a dans l'assiette du voisin

_ "Venise, c'est pas en Autriche ?? Mais c'est où Vienne alors ?!"

_ Les bonnes choses de la vie sont illégales, immorales ou font grossir.

_ L'intelligence Artificielle n'a aucune chance en face de la Stupidité Naturelle .

_ C'est quand on pense que le pire nous est arrivé que la belle mère sonne à la porte!"

LETTRE D'UNE BLONDE A SON FILS

Cher fils,

Je t'écris ces lignes pour que tu saches que je t'écris. Alors, si tu reçois cette lettre, c'est qu'elle est bien arrivée. Si tu ne la reçois pas, tu me préviens pour que je te la renvoie. Je t'écris lentement parce que je sais que tu ne lis pas très vite.

L'autre jour, ton père a lu que selon les enquêtes la plupart des accidents arrivent à 1 km de la maison, ainsi nous nous sommes décidés à déménager plus loin.

La maison est superbe; elle a une machine à laver, mais je ne suis pas sûre qu'elle fonctionne. Hier, j'ai mis le linge dedans, j'ai tiré la chasse et je n'ai plus vu le linge depuis, mais bon.

Le temps ici n'est pas trop mauvais. La semaine dernière il a plu seulement deux fois. La première fois, la pluie à duré 3 jours, la deuxième 4.

À propos de la veste que tu voulais, ton oncle Pierre m'a dit que si nous te l'envoyions avec les boutons, comme ils sont lourds, ça coûterait plus cher; alors, nous avons enlevé les boutons et les avons mis dans la poche.

Je te raconte que l'autre jour, il y a eu une explosion à gaz dans la cuisine, et ton père et moi sommes sortis propulsés dans l'air au dehors de la maison; quelle émotion! c'est la première fois que ton père et moi sortons ensemble depuis des années.

Le médecin est venu à la maison pour voir si nous étions bien et il m'a mis un tube en verre dans la bouche. Il m'a dit de la fermer pendant 10 minutes, ton père lui à proposé de lui racheter le tube.

Et puisqu'on parle de ton père, je t'annonce qu'il a du travail, il en est fier, il travaille au-dessus d'à peu près 500 personnes.

Il l'ont pris pour couper le gazon dans le cimetière.

Ta sœur Julie, celle qui s'est mariée avec son mari, elle a enfin mis au monde, mais on ne sait pas encore le sexe, je ne saurais pas te dire si tu es oncle ou tante.

Ton père a demandé à ta sœur Lucie si elle est enceinte, elle lui a dit que oui, de 5 mois déjà; mais là, ton père à demandé si elle était sûre qu'il était d'elle. Lucie lui à dit que oui. Quelle fille solide, quelle fierté, tel père telle fille.

Ton cousin Paul s'est marié et il prie tous les jours devant sa femme, parce qu'elle est vierge.

Par contre, on n'a plus revu l'oncle Isidore, celui qui est mort l'année dernière.

Ton chien Pouky nous inquiète, il continue à poursuivre les voitures à l'arrêt. Mais ton frère Jeannot, c'est pire. Il à fermé la voiture et il a laissé les clefs à l'intérieur. Il a dû aller chez lui chercher le double pour pouvoir nous sortir tous de là.

Bon, mon fils, je ne t'écris pas l'adresse sur la lettre, je ne la connais pas.

En fait, la dernière famille qui a habité ici est partie avec les numéros pour les remettre dans leur nouveau domicile.

Si tu vois Marguerite, passe lui le bonjour. Si tu ne la vois pas, ne lui dis rien.

P.S. J'allais te mettre quelques sous, mais j'ai déjà fermé l'enveloppe, , ,xoxo

_____*fin*

ZOUBIR FAMILY

Ça se passe chez mon pote et voisin "Zoubir" dans notre petit quartier quelque part à l'ouest de Tlemcen.

le réveil du matin pour aller à l'école chez "Zoubir" se déroulait comme-ceci :

_"Zoubir" il a 3 grands frères, et c'est très spécial chez eux.

_3H du matin, tout le monde dort. sauf un . "Djamel", qui vient tout juste de rentrer à la maiz, après avoir passer la soirée à vider plusieurs canettes de bières du Mostaganem.

_incapable de se tenir debout, beaucoup d'effort pour y parvenir à la chambre ou les 3 frères se sont entassés les uns sur les autres par manque de place . [2 pièces et une cuisine pour une famille de 9 personnes]

_"Djamel" lance un cri d'autruche qui réveille tout le monde : Alooooorrrrs ? bande d'apaches !!! il y a de quoi bouffer dans cette baraque ou bien ? ..

_"Zoubir" étant passé la soirée et une bonne partie de la nuit à réviser pour son examen de lendemain, est le dernier à avoir quitter la cuisine.

il sait donc qu'il restait un peut de "Loubiya" dans une assiette quelque part.

_"Djamel" ! furieux comme un capricorne, à 3h du matin, il conteste la réponse de son frère : « mais allez tous en enfer . qui vous à demander de me laisser de la loubiya ? . je ne bouffe pas ça moi .. !!! TFOUUUU ...

_une heure après, c'est "mohamed" qui se réveille pour la prière de al-fajr, il fait très froid . l'eau est glacée . brrrrrrr !! la prière est mieux que le sommeil .. la prière est mieux que le sommeil .

_Après avoir fait ses ablutions, il cherche son tapis de prière . -problème- ... "Djamel" à déééèja gerber sur le tapis . aieeee le cochon .

_"mohamed" n'a pas le choix que de prier sur une large Robe verte à fleurs de sa mère [khalti hlima] .

_le matin arrive enfin ! "khalti hlima" déjà debout ! essaye de réveiller "Zoubir" et "houcine" à sa manière habituelle , pour aller à l'école .

► Zooooubir .. houciiiine ..ahhh lmoussibaaaa .. allah ya3tikoum hal Mout .. debouuuttt .. vous êtes mort a hawji ou quoi ?.. ◄

"Zoubir" à très peut dormi cette nuit, il se réveille a son rythme .

_une fois à table pour le petit dêj ! "zoubir" et "houcine" s'embrouillent de bon matin : personne n'a acheter le pain aujourd'hui . et ils étaient pourtant d'accord d'accomplir cette tache bien matinale chacun son tour .

_ les achats très matinaux, comme le pain, le lait ou le café ; se faisaient au moment de petit déjeuner, bien avant d'aller à l'école . Et un non respect de cet accord, entraînait souvent les frères en conflit . un scénario qui se répète quotidiennement . même chez les autres familles .

_c'est aussi l'heure ou "3ami OMAR" se réveille, pour aller au boulot sur sa petite mobylette,

> le chemin de l'usine ou il travaille "3ami omar" est sur le chemin de l'école .

_il récupère donc "zoubir" & "houcine" avec lui . ou ils s'installeront devant et derrière tout en s'accrochant bien fort à "3ami omar".

_les trois sur une mobylette, cause souvent des imprévus et des pannes sur la route .

_Ce matin la c'était un pneu crevé au milieu de chemin .
ni trop loin pour finir à pied . ni trop prêt pour faire demi-tour

"3ami omar" nerveux comme il est ! .. il pète les plombs .
il insulte toute la race des humains et des djin's aussi .

"houcine" et "zoubir" finiront donc à pied leur chemin . en retard bien sur comme tous les matins .

_mais après avoir sorti toutes les excuses possibles
et imaginable pour justifier leurs retards ... "zoubir" ne
trouve pas quoi dire au surveillant général : à part que
son père s'est embrouillé avec sa mère et qu'il ne pouvait
pas venir à l'heure .

le surveillant général intrigué, ne comprends pas le
rapport entre ses parents et son retard,

"houcine" Ajoute : mais monsieur . mon père sert de nos
chaussures pour les balancer sur ma mère . et on a du
mal à les récupérer à chaque fois .

.....Fin....

DES LEÇONS À RETENIR ! CONSEILLÉES PAR NOS PARENTS & GRANDS PARENTS !!

*01.S'abstenir de dormir entre Fajr et Ishraq, Asr et Maghrib, Maghrib et Isha.

*02.Ne pas dormir entre les gens qui parlent mal avant de dormir.

*03.Ne pas manger et boire avec votre main gauche.

*04.Ne pas manger de la nourriture qui est sorti de vos dents.

*05.Ne pas craquer vos doigts.

*06.Vérifiez vos chaussures avant de les porter.

*07.Ne pas regarder le ciel pendant la Salat.

*08.Ne pas crachez même dans les toilettes.

*09.Ne pas nettoyer vos dents avec du charbon.

*10.Soyez bien vêtu.

*11.Ne pas casser des choses dures avec vos dents.

*12.Ne pas souffler sur votre nourriture quand elle est chaude.

*13.Ne cherchez pas les défauts des autres.

*14.Ne parlez pas entre iqama et Adhan.

*15.Ne pas parler dans les toilettes.

*16.Ne pas raconter des histoires ou ragots sur vos amis et famille.

*17.Ne pas contrarier vos proches avec colère.

*18.Ne regarder pas souvent derrière vous en marchant.

*19.Ne pas apposer vos pieds tout en marchant.

*20. Ne pas se méfier de vos amis.

*21. Ne pas mentir à tout moment.

*22. Ne pas sentir la nourriture pendant que vous mangez.

*23. Parlez clairement que les autres puissent comprendre.

*24. Évitez de voyager seul.

*25. Ne décidez pas vous-même, mais consultez d'autres personnes demander conseils.

*26. Ne pas être fier de soi.

*27. Ne pas être triste de son alimentation.

*28. Ne pas se vanter.

*29. Ne pas chasser les mendiants.

*30. Offrez à vos invités et de bon cœur.

*31. Soyez patient lors de la pauvreté.

*32. Aider une bonne cause.

*33. Pensez à vos fautes et repentez vous.

*34. Faites du bien à ceux qui vous font mal.

*35. Soyez satisfait de ce que vous avez.

*36. Ne dormez pas trop, cela provoque l'oubli.

*37. Ne pas manger dans l'obscurité.

*38. Ne pas manger la bouche pleine. (Ne pas trop remplir sa bouche de nourriture).

*39. Choisissez la voix du juste milieu .

*40. Ne levez pas la voix quand vous parlez, marchez humblement et baissez vos regards .

J'ai été attaqué entre 00h30 et 00h45 min du matin. Ils sont venus dans ma chambre pendant que je dormais profitant de la coupure du courant et sous la forte pluie qui s'abat sur Lyon. J'ai entendu le bruit quand ils sont entrés; comme je me suis levé, un d'entre eux est venu vers moi pour m'attaquer. Je n'avais aucun autre choix, que de me défendre, j'ai donc d'un mouvement réflexe allumé l'abat jour , Je l'ai rapidement frappé et le deuxième m'a attaqué. Les voisins ont entendu le bruit chaotique dans la maison

et se demandaient ce qui se passait. J'ai finalement frappé le deuxième aussi; mes mains étaient tachées de sang. J'ai pensé que j'étais devenu un meurtrier mais quand je les ai regardés sur le sol, j'ai découvert qu'un bougeait encore, je l'ai frappé violemment. C'est ainsi que j'ai tué les deux gros moustiques qui essayaient de sucer mon sang .

Sinon tu pensais a quoi ? ....

ENTRE LE DZ & LE FR

depuis que j'ai émigré en France (déc 2003) - je venais tout juste d'avoir 19 ans et à chaque fois que je retourne au bled pour les vacances, mon oncle me pose cette fameuse question, que jusqu'aujourd'hui je n'ai pas su répondre franchement et fermement .

>>> alors Ali ?! .. c'est ou le mieux ? ici ou là-bas ? ...

__Mais c'est malheureusement impossible de répondre fermement à cette question !! ...

il y a du bon et du mauvais dans les deux pays .

- il y a des choses au bled, qu'on ne pourra jamais avoir en France ou ailleurs . (la famille + l'ambiance + les fêtes religieuses + les mosquées + le beau temps + le rythme de vie + la générosité,..)

En France, c'est plutôt les services administratifs, juridiques et médicaux qui prennent le dessus.
- personne ne se mêle de ta vie, du moment ou tu ne te balade pas en qamis, barbe et/ou coran à la main) .

- si tu réclames tes droits, tu pourras les avoir avec un peut d'insistance .

- il y a moyen de trouver facilement un boulot, si tu ne fais pas de chichi ...

Et si tu ne bosse pas, tu pourrais bénéficier des aides sociales pour un certain temps .

Je pourrai très bien avoir une tête de françaoui, parler une langue sans accent, vivre avec des européens, et,,et,,et …

Mais jamais je ne pourrai rester ici plus d'un an sans partir au bled . comme je ne pourrai sans doute pas vivre qu'au bled, sans revenir en France, puisque c'est ici que ma famille réside, et c'est dans ce pays que je gagne mon pain pour l'instant.

En tout cas ! c'est comme ça que je vois les choses, et bien sur que ça reste un avis entièrement personnel.

^_*

JE NE VOUS RACONTE PAS LA DÉCEPTION, LA GÈNE ET LE SENTIMENT DE MÉPRIS CE JOUR LA OU J'AVAIS ENFIN DECIDÉ DE DEMANDER SON 06 .

_JE LE VOULAIS CE 06 . AHH QUE JE LE VOULAIS À TOUT PRIX .

_J'AI LONGTEMPS HÉSITÈ AVANT DE PRENDRE MON COURAGE À DEUX MAINS ET D'ALLER LUI PARLER .

_ SALUT ! MOI C'EST ALI . ET TU ME PLAIS .... ET JE ME DEMANDAIS SI ÇA SERAI POSSIBLE D'AVOIR TON 06 ?!

_AVEC UN AIR TRÈS CALME, DOUX ET POSÉ ! LA JEUNE DEMOISELLE ME FIXE ET ME SORT : ____TOOOZ .. J'AI UN 07 . !!!!

_ALALALALA LE BOULET . LA HONTE DE MA VIE .

_ AU BOUT DE MA LIFE. ET SUR LE POINT DE FAIRE UN ARRÊT CARDIAQUE . JE M'EXCUSE AUPRÈS D'ELLE . ET JE M'EN VAIS.

_UNE FOIS CHEZ MOI, MA MALCHANCE ME TORTURE L'ESPRIT .

_J'AI ÉCHOUÉ À SI PRÈS DU BUT . JE VOULAIS UN 06 . ELLE A UN 07

_EFFONDRÉ SUR MON CANAPÉ COMME SI JE VENAIS DE RATER UN ENTRETIEN D'EMBAUCHE .

_JE MÉLANGE LE JUS D'ORANGE ET LES M&M´S AVEC L'INTENTION D'EN FINIR AVEC CETTE MASCARADE UNE FOIS POUR TOUTE

··········· ^_* ···········

UN MOT POUR MON PÈRE !

Mon père, B'ba, Abi, Papa, Papounet, Baba, Bouya, Cheikh ...

_quoi vous dire sur mon père ? .. comment je vais raconter ça ? par quoi je vais commencer ? est-ce une bonne idée de publier un statut pareil ? lol .. tellement de choses à dire..

_comme tous les gamins de mon Age, en étant un un jeune garçon de 4 ans jusqu'à ... aller .. heuu 14 ans . et comme je l'ai déjà cité dans d'autres publications, j'étais vraiment mais vraiment ingérable dans tous le sens du terme

>> Exemple : caillasser et torturer un pauvre chat, et l'enterrer vivant !! .. pourquoi ? .. bah juste parce qu'on s'ennuyait . et qu'on trouvait ça super excitant.

_bref !! ..mon père étant un maçon de métier, il était à la fois, grand, costaud, sévère et pas très très pote avec ses enfants. Sa mission c'était : ▶ bosser pour subvenir à nos besoins + garder le calme à la maison et surtout maîtriser toutes sortes de punitions pour nous faire comprendre que dans la vie, on ne peut pas faire ce qu'on veut, avec qui on veut et dès que ça nous chante . [l'ancienne École quoi !]

_si mon père apprenait que je m'était embrouiller avec un gars a l'école ou dehors ou si un de mes profs m'a donner une Triha, .. bah sachez que c'est d'abord moi qui va ramasser quelques gifles, n'importe la raison de conflit .

et c'est qu'après m'avoir corriger qu'il s'intéressait à la vraie et bonne version du fait . [c'est drôle non ?]

_la devise de la maison «était la suivante :
tu déconnes = tu paies ▶ tu re-déconnes = tu repaies ▶ tu re re déconnes = tout le monde paie

_Et dieu sait que j'étais parmi ceux qui re re re déconnaient . LOL ...

>> Attention, je ne faisais pas du mal aux gens .. j'étais juste inconscient des dangers   et je ne connaissais pas le mot PEUR .
,,, j'ai failli perdre la vie plusieurs fois . mais un enfant. c'est le bon dieu qui le protège .

_je connaissais la sentence et la punition à chaque fois .

à force de passer devant le juge [mon père], je suis devenu insensible aux coups de ceinture et aux gifles .

_mon père m'aimait tellement , et il avait tellement peur pour moi que je me fasse mal un jour, qu'il me prenait et il me jeté contre le mur, tout en me râlant dans l'oreille qu'il faisait pas ça pour me punir ou pour me traumatiser mais plutôt pour me montrer à quel point je devenais insupportable et qu'il voulait pas me perdre.

_le temps passe, je grandis .mon père vieillit ,, lol

_Et au jour d'aujourd'hui, j'ai 32 ans .et je regarde que très rarement mon père dans les yeux quand il m'adresse la parole. je n'écoute pas la musique devant lui . je ne rentre pas dans sa chambre sans permission et je ne lève pas la voix en sa présence.

_Appelez ça comme vous voulez . moi en tout cas c'est ma manière à moi de respecter mon père et de lui faire comprendre qu'il m'a bien éduquer.

_papa : je ne t'ai jamais vu fumer devant nous en étant très jeune . je ne t'ai jamais vu regarder un film, je ne t'ai jamais vu danser ou écouter de la musique . je ne t'ai jamais vu avec une femme étrangère .

que dire de toi ?! .. TU ES MON EXEMPLE .

_pardon pardon et encore pardon si je t'ai déçu un jour !

ou si je me suis mal comporter avec toi . je sais que je ne suis pas très très présent dans ta vie, mais sache que c'est justement par respect si je ne veux pas te prendre la tête pour un oui ou un non .

> > > > > > > > > je T'aime P'pa < < < < < < <

TU PRÉTENDS ÊTRE UN BONHOMME..ET POURTANT

>>Tu prétends être un bonhomme ...
Tu prétends être un bonhomme, et pourtant tu parles mal à ta mère .

>> Tu prétends être un bonhomme, et quand ta mère te demande un truc; tu ne l'a calcule pas, et tu as même envie de la gifler .

>> Tu prétends être un bonhomme, et tu traites ta mère de vieille, de blédarde sous prétexte qu'elle ne connaît rien et qu'elle ne sert à rien.

Et t'a malheureusement oublier ses droits sur toi, et ton devoir envers elle . (pardon maman ! Je suis un fils ingrat)

>> Tu prétends être un bonhomme et pourtant ça fait 3 semaines que tu n'a pas Saluer ton père .
(rappelle-moi la dernière fois ou t'a pris le temps de s'asseoir avec tes parents ????) .. Ça date hein ??!

>> tu prétends être un bonhomme, et quand ta sœur, parle, rigole ou elle donne son avis à la maison, tu lui envoie un coup de missile direct sur la tête . Si ce n'est pas dans sa face.

Alors ? Hein le bonhomme ? .. Ça va la ? . T'es bien ? .. Tu te sens en position de force ? .. Ça gère ?

>> Tu prétends être un bonhomme, et jamais t'a pris la peine d'aider ta mère, ta femme ou ta sœur aux tâches ménagères à la maison, même pas un petit bricole, pire encore ! .. Même pas tu débarrasses ton assiette quand tu finis de manger .

>> tu prétends être un bonhomme, et si ta chemise ou ton pantalon ne sont pas repassés, tu tapes un scandale . Comme si t'était je ne sais pas qui .

Et toi tu te lève à 14h, et tu sors dehors pour regarder les

filles des autres . Normal !! .. Puisque ça fait parti de ta vie de bonhomme ça .
Hein ?? ..

>> tu prétends être un bonhomme, et tu n'arrive pas à faire une phrase entière complète sans prononcer des vulgarités ou des insultes .

>> tu prétends être un bonhomme, et tu pries qu'une fois par semaine (le vendredi) ; pour Faire plaisir à ta copine ou à tes potes .
Comme ça ils diront pas que tu es un H'raymi.

>> Tu prétends être un bonhomme, et ça fait 3 ans que tu squattes avec cette fille . Sans jamais penser à aller demander sa main auprès de ses parents . Et en plus, Tu lui fait croire que tu l'aime, mais on le sait tous et toi le premier que tu fais que passer le temps jusqu'à que ta mère te trouve une fille bien et de bonne famille .
_Hein ? Alors ?? .. Je me trompe ou bien ? ..

Tu l'aimes yeeek ?? .. Hmm ! Guignol va .. !! Si tu l'aimes; épouses-la .

>> tu prétends être un bonhomme, et tu fais la misère à ta femme; tu as fait d'elle un sac de boxe .
Sois disant tu l'éduques zaama .

Dsl .. Et avec tout le respect que je te dois cher bonhomme, mais c'est toi qui à besoin d'éducation.

Et tu as encore tellement à apprendre .
Et ne me prends surtout pas mal, mais une chèvre est plus bénéfique que toi .

PS : je ne vise personne, je ne juge personne, et je suis personne . Et si tu te sens concerné, bah tu sais ce qu'il te reste à faire ... ^_*

TEL PERE TEL FILS

Comme tous les enfants des hommes célèbres, le fils de Juha avait beaucoup souffert de l'ombre de son père. Un jour, par exemple, le maître a décidé de faire l'étude d'un texte qui relate l'un des récits notoires de Juha >> "Juha et les sandales" d'après une traduction de L. Brunot, Les Joyeuses histoires d'Algérie. Voici ce récit écrit au tableau:

"Un jour, c'était fête religieuse et les gens, à cette occasion avaient revêtu leurs plus beaux habits et acheté des sandales neuves comme c'est la coutume. Juha invita les passants à venir déjeuner chez lui:

-je célèbre une fête de famille, disait-il, soyez les bienvenus!.. Les gens se laissaient faire, entraient chez Juha, laissant leurs sandales à la porte, et s'asseyaient dans la salle.

_Juha ramassa toutes les sandales, les emporta au marché et les donna en gage au marchand de beignets et à l'épicier en échange de beignets et de miel.

_De retour chez lui, il donna ses provisions à sa mère en lui disant: répartis tout cela dans les plats que tu offriras à nos invités."

_Dans la classe, le fils de Juha était fier de ce récit que le maître avait choisi ce jour-là pour l'étude de texte, il comprenait mieux que jamais. Il avait les réponses bien avant les autres. Il savait tout quand le personnage était son propre père. Mais les autres ne le voyaient pas de cet œil-là. Ils ne voyaient pas une fiction dans le récit, mais bien plutôt la réalité.

_Le fils de Juha a entendu cette conversation entre les

deux enfants du voisin de son père:

"-tu sais mon grand frère, jamais je n'irai chez le petit Juha, d'ailleurs il n'invite jamais ses voisins.

-tu as raison mon petit frère, si ça arrive, jamais je ne me déchausserai, il vendrait mes chaussures, car, comme on dit: tel père tel fils.
- pourquoi y aller ? Il ne mérite pas cet honneur, d'ailleurs, tu as vu comme il répond à toutes les questions du maître? Il est fier comme notre coq."

_En entendant ces mots, le petit Juha s'est senti très mal, surtout que lui, a toujours été là quand les voisins l'invitent pour qu'il les aide à servir les gens quand il y a une cérémonie chez eux. Il s'est calmé et à la fin des cours, il a décidé d'en parler à Juha son père:

_Papa, dit le petit Juha, je suis très en colère parce que les fils du voisin se moquent de moi à cause de toi.
-
A cause de moi ?
-
Oui, ils ne voudraient jamais venir chez moi si je les invitais à une cérémonie. Ils disent que je vais leur voler leurs sandales comme tu l'avais fait une fois.

_Juha s'est mis à rire et a ensuite expliqué à son fils qu'il n'était pas un
voleur:
- écoute, petit, lui a-t-il dit, quand j'ai joué ce tour à mes invités, ce n'était pas par méchanceté mais pour leur apprendre à ne plus dire de moi que je suis radin et que je n'invite pas de peur de dépenser. Alors, ne t'en fais pas mon fils, je te dirai comment te venger de tes camarades; mais c'est bientôt ton anniversaire, et je vais te faire un beau cadeau, une surprise sans que je sois obligé de me gêner ni même de dépenser mon argent.

_Le petit Juha, connaissant les promesses de son père n'a pas insisté, il a juste sauté sur place comme un chien heureux et a renfrogné ses larmes en pensant avec plaisir à l'idée de se venger de ses ennemis et au cadeau surprenant que lui prévoyait Juha.

-Le jour de l'anniversaire arrive enfin. C'était le premier jour des vacances scolaires en plus.
Pour célébrer son anniversaire, le fils de Juha a résolu d'inviter tous ses camarades de classe.

Quand il en a parlé à son père, ce dernier lui a dit: - écoute moi bien petit, voilà ce que tu vas faire...

Le fils, après avoir écouté attentivement, son père, à décidé de respecter les recommandations de Juha; alors, il a envoyé des invitations à tous ses amis. Mais il a noté sur le papier d'invitation une remarque très visible et très claire: "je m'adresse à mes invités et je vous préviens aimablement que tous ceux qui m'enverront des cadeaux, et ne viendront pas, verront leurs cadeaux refusés et retournés à leurs maisons."

_Pendant ce temps, Juha est allé dire partout que son fils devrait connaître les langues sans regarder dans les dictionnaires et que s'il le prenait à fouiller dans un dictionnaire pour trouver des réponses il allait le bastonner comme ses maîtres le font à Scapin à cause de ses fourberies.

_Le voisin de Juha s'est ensuite vanté de dire que ses enfants ont tous les dictionnaires qu'il faut et a accusé Juha de mentir simplement parce qu'il n'a pas de quoi acheter un dictionnaire de langue à son fils.
Il ne savait pas que Juha visait plus haut. En effet, quand les enfants du voisin ont appris la nouvelle, ils ont vite réfléchi à ce à quoi Juha avait pensé avant eux.

_En recevant la convocation à l'anniversaire du petit Juha, l'un des fils du voisin a dit à son frère:
-écoute, grand frère, voilà ce qu'on va faire: on ne va pas assister à l'anniversaire du petit Juha, car il va nous voler nos chaussures et les vendre comme l'avait déjà fait son père.

- oui, je suis d'accord avec toi, mais j'ai une meilleure idée: comme il a indiqué sur la convocation que ceux des invités quine se rendront pas chez lui se verront renvoyer les cadeaux qu'ils ont faits, on va lui envoyer, pour ne pas avoir l'air harpagons, nos beaux dictionnaires.
-Non jamais, a fait le petit frère, tu sais très bien que c'est ma seule fierté devant lui, je le nargue toujours avec mon dico.

- Hé! C'est justement pour cela, car nous aurons l'air très prodigues, et en plus, c'est l'occasion de le voir tabasser par son père qui n'aime pas les dictionnaires trop faciles d'après lui. Et puisque nos dictionnaires doivent nous être retournés, nous n'avons rien à perdre.
- Le petit frère s'est laissé convaincre et a offert deux de ses dictionnaires.

_L'anniversaire a lieu sans beaucoup de monde. En revanche, Juha fils à reçu plein de cadeaux. Un jour s'écoule, puis un autre. Les deux frères n'ont rien reçu. Les dictionnaires ne sont pas retournés aux petits voisins qui les attendaient avec impatience.

Le troisième jour, les deux petits voisins n'y tenaient plus. Leur père les voyant inquiets, met la convocation dans son capuchon, les a pris par la main et s'est rendu avec eux à la maison de Juha. En les voyant, Juha leur à ouvert la porte et les bras:

-Ce cher voisin bien aimé, vos enfants étaient donc malades, c'est pourquoi ils ne sont pas venus à l'anniversaire de mon fils?

- Excusez-moi, dit le voisin, un peu gêné, j'aurais mille fois souhaité qu'ils viennent, mais vraiment, ils ne pouvaient pas bouger de chez moi. Ma femme était sérieusement exténuée.
-Oh! Elle va mieux maintenant?
- Oui! Oui! Mais mes enfants avaient envoyé des cadeaux, et justement, je venais avec eux pour les récupérer comme le stipule la convocation.

-Bien sûr! Bien sûr! Dit Juha, j'allais vous renvoyer vos beaux cadeaux. Mais vous êtes venus; et ça change tout! Je ne peux quand même pas vous faire l'injure de les refuser.

_ Je les garde en vous disant mille fois merci.
_ Mon fils a fait beaucoup de progrès ces trois jours grâce à vos dictionnaires et je les conserverai toujours en pensant à vous.

CHER FRÈRE LE VERT «LAKHDAR»;

Comme tu sais, j'ai quitté l'Algérie et j'ai coupé la mer pour photographier le pain de mes enfants, c'est ça la galette, il faut la suivre la ou elle va.

un jour, je me suis levé le matin de bon dieu, et j'ai déchiré la route pour aller à l'usine. Et j'ai trouvé devant moi mon patron fils de chienne, il me l'achète car j'arrive toujours en retard.

Et il a donc commencé à faire tomber les mots, et comme tu connais ton frère il a le nez, les ordures sont montés à la tête et le sang à bouilli,... je lui dis : la religion de ta mère, pourquoi tu cries sur moi ?

Il a monté dans ma tête, j'ai pris donc un bâton et je lui ai enlevé son père .

La police est arrivée, elle a tout nettoyé, ils m'ont jeté en prison après des jours et des jours j'ai frappé la soupe.

Ne dis rien à ma mère, sinon tu lui feras tomber son cœur. Prends soin d'elle, elle est étrangère à cette histoire.

Elle à beaucoup de jour, je suis passé sur mon cousin «Lumière» (Boudaw), qui bosse comme travailleur de ceinture dans un chantier. Il m'a dit que sa femme «Heureuse» (Saïda), va fabriquer du couscous le dimanche qui viendra.

Alors, j'ai posé la pose et je suis allé à leur maison. Là-bas, j'ai trouvé une mauvaise odeur, car mon cousin ne lave ses pieds qu'une fois par mois.

Après le repas, j'ai rendu tout ce que j'ai mangé, car sa femme à fabriqué un couscous très chaud, et moi j'ai l'estomac. Je ne mange pas des piments du pays des esclaves .

En ce qui concerne la FCR, c'est une histoire vide ! Car les voitures sont chères comme le feu, en plus je ne travaille pas, j'ai la guigne sur moi.

Ta lettre est arrivée à moi et je l'ai attrapé. Je l'ai lue et je l'ai comprise. Depuis qu'est venue à moi, le sommeil s'est envolé de moi et mon cœur se coupe morceaux morceaux.

Vous êtes restés dans moi beaucoup . Je mendie dieu pour qu'il vous donne la santé et le feu.

Je t'informe que j'ai envoyé à toi un peu d'argent pour que tu tournes le mouvement. Paies le loyer, l'eau et l'électricité qui sont sur toi, et aussi celui de l'épicier. Ne frappe le calcul à rien.

Tu m'a dit que mon frère «Lumière De La Religion» (Noureddine), est sorti de la route !! .. dis lui que s'il se perd qu'il attrape la terre. Il lui manque de faire une vente et un achat qui reviennent sur lui par le bien. Aujourd'hui, chacun frappe su sa tête, il doit suivre notre parole ou bien qu'il nage dans sa mer.

Quand à ma sœur «Lune» (Gamra), dites lui de ne pas se dépêcher sur le mariage, ceux qui sont dépêchés sont morts.

Moi j'étais malade le mois qui et passé, j'ai attrapé le lit quinze jours. Les médecins m'ont cherché et m'ont enlevé le sang. Ils m'ont dit que je n'ai ni sucre ni sel, juste un peut de froideur. Maintenant le temps m'a passé ! Louange a dieu.

Ici en France la vie est difficile, même si nous

photographions l'argent. le temps n'est pas jusqu'à là-bas, et il n'y que cours après moi, je cours après toi.

Dis a ma mère que j'ai envie de manger la danseuse au poulet et a la viande sucrée et un cœur d'amande.

J'ai acheté 7 bras de tissu pour ma sœur «Lune» (Gamra), et une Gandoura en velours ainsi que 3 tricots de viande pour mon frère «Gagnant» (Rabah).

J'ai aussi acheté à ma sœur «Rose» (Warda), une bouteille d'odeur qui tire l'esprit de la tête. Et mon frère «Père de vendredi» (Boujam'a), qui à le cœur blanc ! Je lui ai trouvé un travail.

Dis à ma sœur «Lune» (Gamra), que l'étrangère qu'elle a envoyé aux colis-postaux, je l'ai tout mangé !! et à a mon frère «L'arabe» (L'arbi), que je lui ai acheté un pantalon qui ne boit pas.

Quand à ma cousine «Taoues», dis lui de dormir sur son bras droit, dés que je rentre au mois de juillet,
je viendrais la prendre de son père, comme ça on frappe le papier . Et que je lui achète une chaussure qui ne va pas la frapper .

Il faut aussi dire à m tante «La Grande» (Khalti l'kbira), qu'elle ramasse sa bouche !! parce que je suis un four et capable d'un quartier. Sinon, je jette sa fille et je part chercher une mieux. Et comme on dit, celui qui te cache par un Fil, cache le par un mur.

Cher frère le vert (Lakhdar), ne t'inquiète pas sur moi ton frère cinq et jeudi sur lui (Khamssa w khmiss), sait comment dessiner son pain. Mets ton œil sur ta mère et ne la laisse pas malade, porte la au docteur.

Enfin, passe le bonjour à tout le monde, et j'espère que

notre dieu nous additionne dans une belle heure. . . .
Rends Moi Vite.

-
-
-
-

Fin

J'Y PENSE ...

Ce n'est pas pour dire, mais je me suis toujours sentis spécial, comme si je venais d'une autre planète .

et plus j'observe mon entourage, plus mon sentiment se confirme .

quand tu es un jeune garçon, tu ne fais pas attention aux détails de la vie quotidienne .

aujourd'hui j'ai +30 ans, et ça m'arrive de plus en plus de m'asseoir dans un coin en buvant mon cappuccino, et de rebobiner la cassette de ma life .

tellement de choses, d'événements et de moments précieux qui m'ont marqué . entre bonheurs, malheurs, joies, excitations, maladies, découvertes, peurs, apprentissage, ...etc

et se sont en fin de compte, ces éléments la qui bâtissent ton expérience de vie, et forgent ton caractère et ta personnalité .

****

en étant plus jeune, j'habitais une grande maison familiale à l'ouest de Tlemcen, avec mes grands parents, ma tante mes oncles et mes cousins; ou j'ai eu le temps et l'occasion d'observer le comportement et les habitudes de chacun.

_par exemple, je ne comprenais pas pourquoi mon oncle "Saïd", me demandait souvent de le réveiller à 7h30, et que j'avais intérêt de le faire, puisqu'il avait des rendez-vous très important, mais à 12h quand je rentrais de l'école, il dormait encore.

_ je ne comprenais pas aussi, pourquoi la police et la gendarmerie rendaient souvent visite à nos voisin d'en face. et c'est que des années plus tard que j'ai su que nos chers voisins, étaient des dealers de drogue et vendeurs d'alcool.

je comprends mieux maintenant ce manège des allers retours de tous ces gens la, De jour comme De nuit .

_ je ne comprenais pas aussi, pourquoi "OMAR" me faisait des piqûres quand j'étais malade, alors qu'il n'a jamais était infirmier. tout le monde venait chez lui, pour se faire piquer, ou encore plus . se faire arracher une dent.

... bien sur qu'il n'est pas dentiste, il suffit de voir ses dents pour comprendre . et cerise sur le gâteau, "OMAR", squattait souvent chez nos voisins d'en face . bref !! .. je dis ça, je dis rien .

_ je ne comprenais pas aussi pourquoi cette dame restait debout dehors tout le temps,
et qu'elle n'arrêtait pas de me faire des bisous et regarder étrangement les lignes de ma main droite; et elle faisait pareil avec beaucoup d'autres enfants.

>>> avec le temps! je comprends que cette vieille la, était une sorcière, et elle s'intéressait a nous, juste par intérêt .
>>> combien de fois, on a entendu des disparition d'enfants, pour les retrouvés démembrés dans des cimetières .

_ je ne comprenais pas pourquoi, ma grand mère n'aimait pas les poissons que mon grand père ramenait de la pêche .

>>> au fait, ma grand mère n'aimait pas l'odeur surtout, tu sais cette odeur la, qu'elle est tellement forte, que tous le

voisinage savait que grand père Revenait de la pêche .

_ mon oncle "Razak", prof de collège en maths, voulait faire de moi un premier de la classe, c'est marrant... car j'étais plutôt bon dans toutes les matières, sauf les maths..

_... JE NE COMPRENDS PAS NON PLUS, POURQUOI JE VOUS RACONTE TOUT ÇA... ^_*... LOL..

Ô toi qui est dans ta tombe ...
Que le bon dieu te fasse miséricorde

Ô toi qui est dans ta tombe ...
Tends-moi l'oreille et écoute.

> Tu es le premier, et je suis le suivant sans doute.
> Ne t'en fais pas ! J'arrive aussi; Une simple question de minutes.
> Ne sois pas triste, le seigneur de l'univers est juste.

> Certes, je ne suis pas à ta place; cette tombe si étroite, si sombre et si terrifiante .
> et mon mode de vie dans mon Appart si grand, si lumineux et si confortable me fait oublier cette vérité et cette certitude qui est la Mort .

> Ô toi qui est dans ta tombe ...
> Tends-moi l'oreille et écoute.

> La vie après ton départ n'a pas changé.
> des gens naissent, et des gens meurent . des gens rient, et des gens pleurent . des gens riches et des gens pauvres . des gens mauvais, mafieux et vicieux . Et des gens biens, pieux et radieux .

> Ô toi qui est dans ta tombe ...
> Tends-moi l'oreille et écoute.

> Le bien, la pudeur et la sincérité sont partis avec leur gens.
> Nous vivant sous un régime de perversité, de haine, et de mauvais dirigeants.

> Le suicide, le crime, la drogue et la déprime ont pris place dans nos cœurs, maisons, sociétés et donjons

> Ô toi qui est dans ta tombe ...

> Combien de fois j'ai souhaité être à ta place.
> quitter cette vie, ce monde, et ce luxe dans mon palace.

> le goût pour les bonnes choses n'y est plus, le cœur non plus.

> la pression et le stresse, compressent nos poitrines.
> le sourire, la paix et l'apaisement nous ont quittés pour des planètes voisines .

> Ô toi qui est dans ta tombe ...

Ne t'inquiète pas, et ne fais pas d'idée . Ce n'est pas pour dire, mais tu es peut être mieux la ou tu es.

> Hier la mort t'avait rendu visite.

> Aujourd'hui en deuil au cimetière, nous te pleurons dans ton cercueil.
> demain tu sera qu'un souvenir, et nous t'oublions assez vite.

> Ô toi qui est dans ta tombe ...
> Fais-moi place et attends-moi.

> Bientôt, moi aussi je ne serai plus de ce monde.
> vers notre seigneur sera le retour, tous à la fois.

>> CHÈRE PETITE SOURIS <<

J'ai eu l'honneur et le plaisir de te rencontrer, ou plutôt de croiser ton chemin ce matin dans ma salle de bain .

j'avoue !! .. Tu m'a bien surpris en ce premier jour de Ramadan .

>> Au début, je t'ai prise pour un cafard géant . et j'aurai préféré d'ailleurs un cafard que toi ...

>> Chère petite souris, je me présente:
Normal ... C'est comme ça qui font les gens civilisés .

Je me nomme donc Ali . Tu es chez moi . Dans mon territoire . Et j'ai une mauvaise nouvelle pour toi Cousine..." Je déteste les souris "

>> Je ne connais pas ton intention! Et je ne comprends pas cette visite soudaine de ta part .

- Je ne te cache pas, que je n'étais pas très content de ton comportement tout à l'heure . Dés que tu m'a vu venir, t'a pris la fuite à 200km/h . >> C'EST DIIIIIINGUE COMME TU COURS VITE ..

>> Chère souris, je n'ai nulle l'intention de me mettre en colocation avec toi. Je suis plutôt un solitaire . et il n'y a rien à gratter chez moi .

>> Et permets moi de te dire une chose : si je te croise encore une fois dans les parages : salle de bain, chambre, cuisine, sous mon oreiller ou dans mes chaussures ... crois moi sur parole, Que je n'hésiterai pas une seconde à mette fin à ton séjour ici avec moi .

>> J'utiliserai les gros moyens, je mettrai en place des dispositifs que tu n'a jamais vu de ta Life . J'appellerai les russes et les irakiens ... « Comprendra qui Pourra «

Pour finir !! ...
Ne penses même pas à ramener le reste de ta famille . aucun regroupement familial ne sera accepter ... Et toutes demandes de visa, hébergements ou autres ...,seront catégoriquement refusées ...

PS : je n'ai pas peur de toi, c'est juste que je t'aime pas ..._rien de perso _

JE NE TE DIS PAS AU REVOIR... ^_*

TU VEUX QUE JE TE DISE ?! ...

_Bête, louche et complètement à la masse, il est venu me vanner tout en essayant de me la faire à l'envers .

_Ni beau, ni instruit .. Le pauvre !
Et il pense que tout le monde est comme lui .

_Laisse moi te dire une chose camarade :
Ton cerveau est au chômage, et ta vie c'est un long film d'horreur .

_Ton niveau on le connaît tous .
Et crois moi ! .. t'es loin d'être un modèle ou un exemple .

_Tu fais le sérieux devant les gens,
et tu es pourtant qu'un misérable connard . la pudeur et la naïveté tu les as laisser chez toi .

_Tu es mauvais, et ton cœur à noircit à cause du mal qui est en toi .

_Un petit conseil !!
Va jouer plus loin !! .. Je ne suis pas tomber de la dernière pluie .

_Ce n'est pas parce que je ne dis pas grand chose, ou que je ne parle pas beaucoup ! Que je suis forcément bête ou Gogol .

_Si je ne rentre pas dans ton jeu, c'est parce que tu fais pitié . Et tu ne vaut pas la peine qu'on agis pour toi.
Et non par peur de toi clochard .

_Dieu merci .. On craint que lui .. Le très haut .. Le tout puissant .

_Retiens un peut ta langue, et respecte moi un minimum, .. je te respecterai énormément .

_Ou sinon ! Continues à te mêler de mes affaires, et tu te rendra vite compte à quel point tu es minuscule, face à mes paroles quand je m'exprime .

Certes, ni je sais ni je connais comme toi .

Et aloooors ?

>> C'est toi qui me donne à manger peut être ? ou c'est toi qui paye mon loyer ? .. Hein ? ...

__ Écoute-moi .. Écoute-moi bien tête à claque :

Je ne suis pas né pour te plaire. Et d'ailleurs qui te dit que tu me plais ?

_Ça te mets mal à l'aise le fait que je ne soit pas comme tu l'aurai souhaiter ?! .. Hein ?

_Mais tu es qui toi au fait ? .. Tu te prends pour qui ?

_Nous sommes tous des êtres différents . chacun son cerveau et sa vision de voir les choses, nos corps sont différents, et on doit tous assumer cette différence . Avec des capacités physiques et morales différentes .
Chaque être humain à un rôle prédéfinie sur cette terre, et une mission à achevée avant sa mort .

_Et en aucun cas un zigoto comme toi ou un autre, de la famille ou pas, bien placé ou pas, riche ou pas, costaux ou pas, blanc ou pas, n'a le droit de m'imposer ses idées, sa politique ou son rythme de vie .

_C'est le seigneur de l'univers qui gère ses serviteurs et leurs substances; et non toi petit guignol .

_Tu passes ta life à envier les autres, et critiquer tout le monde, comme si t'étais la perfection même .

_Tu es qui toi ? Pour dire que nous sommes rien et personne ?

_Tu es moche, et tu ressembles à rien
Ma parole ! .. Tu ne te rends pas compte de l'erreur humaine que t'es.

_On n'a pas, et on en n'a pas besoin . On a grandit dans le bien et le respect, et On crève pas la dalle, comme certains .

_Un mot de plus de ta part, et tu as ma parole que je ferai de ta mascarade de vie une comédie cinématique et un roman traduit en toutes les langues .

_Va travailler . Ou plutôt va étudier . T'en a encore tellement de choses à apprendre dans ta vie .

_Comment tu peux prétendre tout savoir, tout connaître, tout avoir, tout comprendre, être au courant de tout ?????
...

_Mais .. Mais .. Tu te rends compte à quel point t'es minable ?

_Il y a Que toi qui parle, que toi qui connaît, que toi qui gère, toi ., toi et toi et personne d'autre sur terre .

- au fait ! Les maladies psychiques ça se soigne !!

Et pour finir ! n'oublies jamais ces paroles la, et grave les bien dans ta petite tête .

>> Le silence est un art, que peu de gens maîtrisent .
Et c'est sans doute la meilleure arme à utiliser face aux crétins . Et comme tu fais on te fera . C'est la règle . C'est comme ça .

LE BON FRANÇAIS

1) ▶ On ne dit pas "bon appétit" on dit bonne dégustation . "bon appétit" pourrait en fait signifier qu'il faudra du courage pour manger la nourriture qui se trouve devant soi et qui n'a pas l'air appétissante.

2) ▶ On ne dit pas "A VOS SOUHAITS" lorsque quelqu'un éternue. Pourquoi ?
Parce que tu ne sais pas si les pensées de la personne sont mauvaises. Et si tel est le cas, c'est mieux de ne pas l'encourager...

3) ▶ Si quelqu'un te dit "MERCI", on ne lui répond pas "DE RIEN". Pourquoi ?
Parce qu'un "MERCI" vient toujours à la suite de quelque chose . Dans ce cas, on peut juste répondre "JE T'EN PRIE".

4) ▶ Attention aussi à "L'EXPRESSION DE MES SALUTATIONS DISTINGUEES".
On exprime des sentiments, mais pas des salutations . Il faut écrire "Veuillez agréer, Monsieur, mes salutations distinguées" (sans l'expression de).

5) ▶ On ne dit pas "AU JOUR D'AUJOURD'HUI" (ça ne veut rien dire, et c'est redondant...).
On dit : "AUJOURD'HUI" (tout simplement) ou "A CE JOUR".

6) ▶ On ne dit pas "JE VOUS SERAI GRE DE", mais "JE VOUS SAURAI GRE DE" ("gré" s'emploie avec le verbe SAVOIR, et non pas ÊTRE).

7) ▶ On ne dit pas " Reporter à une date ultérieure " : si on reporte, c'est pour plus tard.

8) ► On ne dit pas "S'avérer vrai". Il faut revenir à la définition du verbe s'avérer pour comprendre pourquoi cette expression est incorrecte. S'avérer signifie en effet « se révéler vrai. ». Il s'agit donc un pléonasme d'utiliser s'avérer vrai. Attention donc, il est encore pire de dire que quelque chose s'est avéré faux car cela se révèle être un non-sens total.

9) ► On ne dit pas "Moi, personnellement". D'un point de vue formel, cette tournure n'est pas incorrecte. Mais c'est UN PLÉONASME. Si vous utilisez le pronom "moi", pas besoin d'en rajouter avec l'adverbe "personnellement' (et vice-versa) à moins que vous soyez perturbé-e et que vous doutiez de la légitimité de votre "moi". Mais là c'est un autre problème.

PETITS BIJOUX DE LA LANGUE FRANÇAISE

Le plus long mot palindrome de la langue française est « ressasser ». C'est-à-dire qu'il se lit dans les deux sens. « Institutionnalisation » est le plus long lipogramme en « e ». C'est-à-dire qu'il ne comporte aucun « e ».

L'anagramme de « guérison » est « soigneur » C'est-à-dire que le mot comprend les mêmes lettres.

« Squelette » est le seul mot masculin qui se finit en « ette ».

« Où » est le seul mot contenant un « u » avec un accent grave. Il a aussi une touche de clavier à lui tout seul !

Le mot « simple » ne rime avec aucun autre mot.Tout comme « triomphe », « quatorze », « quinze », « pauvre », « meurtre , « monstre », « belge », « goinfre » ou « larve ».

« Délice », « amour » et « orgue » ont la particularité d'être de genre masculin et deviennent féminin à la forme plurielle. Toutefois, peu sont ceux qui acceptent l'amour au pluriel. C'est ainsi ! ·

« Oiseaux » est, avec 7 lettres, le plus long mot dont on ne prononce aucune des lettres : [o], [i], [s], [e], [a], [u], [x] . « oiseau » est aussi le plus petit mot de langue française contenant toutes les voyelles.

© 2017, Bennekrouf, Ali
Edition : Books on Demand,
12/14 Rond-Point des Champs-Elysées, 75008 Paris
Impression : BoD - Books on Demand Norderstedt, Allemagne
ISBN : 9782322082292
Dépôt légal : septembre 2017